图书在版编目（CIP）数据

幸福都是奋斗出来的：新时代农民创业风险防范与化解 / 杨舸编著 . — 南昌：江西人民出版社，2018.8

ISBN 978-7-210-10272-4

Ⅰ . ①幸… Ⅱ . ①杨… Ⅲ . ①农民 - 创业 - 基本知识 - 中国 Ⅳ . ① F323.6

中国版本图书馆 CIP 数据核字（2018）第 049083 号

幸福都是奋斗出来的：新时代农民创业风险防范与化解

杨舸　编著

责任编辑：李月华　李鉴和
封面设计：闵　鹏
版式设计：龙创工作室
出　　版：江西人民出版社
发　　行：各地新华书店
地　　址：江西省南昌市三经路 47 号附 1 号
编辑部电话：0791-86898143
发行部电话：0791-86898815
邮　　编：330006
网　　址：www.jxpph.com
E-mail: 270446326@qq.com
2018 年 8 月第 1 版　　2018 年 8 月第 1 次印刷
开　　本：1/16，720mm × 1000mm
印张：15.5　　字数：220 千字
ISBN 978-7-210-10272-4
定　　价：33.00 元
承 印 厂：深圳市精彩印联合印务有限公司
赣版权登字—01—2018—163

幸福
都是奋斗出来的

Peasants
Entrepreneurship

新时代
农民创业风险防范与化解

江西人民出版社
Jiangxi People's Publishing House
全国百佳出版社

杨 舸 编著

FOREWORD
引 言

2017 年 12 月 31 日国家主席习近平发表的 2018 年新年贺词中提到，“幸福都是奋斗出来的”。“奋斗本身就是一种幸福”，习近平铿锵有力的话语，点燃了亿万人民的奋斗激情，标注了新时代的奋斗气质。

国务院颁布的《中国制造 2025》指出：“新一轮科技革命和产业变革与我国加快转变经济发展方式形成历史性交汇，国际产业分工格局正在重塑。必须紧紧抓住这一重大历史机遇，按照‘四个全面’战略布局要求，实施制造强国战略，加强统筹规划和前瞻部署，力争通过三个十年的努力，到新中国成立一百年时，把我国建设成为引领世界制造业发展的制造强国。”国家对制造业的新布局成为新的再工业化时代创业的契机。2014 年 9 月 10 日，李克强总理在 2014 年夏季达沃斯论坛开幕式上指出，要借改革创新的“东风”，在 960 万平方公里土地上掀起一个“大众创业”“草根创业”的新浪潮，形成“万众创新”“人人创新”的新形态。可以说中国已进入创业经济时代。

对农民来说，创业是其通过奋斗追求幸福生活的一种主要形式。中国农民的创业实践可谓源远流长，20世纪90年代以来，我国继“民工潮”之后又掀起了“创业潮”。近年来“三农”问题的迅速凸显以及城镇化进程中出现的大量失地农民，更是将农民转型与创业致富提上了日程。新时代，随着“互联网+”“精准扶贫”“乡村振兴”战略的实施，农民创业已经呈现出不同以往的景象。

在新常态背景下，农村经济社会快速发展，特别是精准扶贫、乡村振兴战略的提出，涌现了许多创业机会。城市产业的转型和转移为乡村的发展提供了许多商业机会。农民的工作机会也从城市向农村转移，不同于2008年金融危机导致的农民工返乡潮，这一轮“返乡潮”更加温和。从农民主观思想的变化来看，新时期的农民工对于城市的追求趋于理性，而出于家庭因素和社会因素的影响，农民开始更多地追求在家乡或者家乡周边实现自我价值。客观的市场环境和主观的就业心态变化共同促进了新常态背景下农民工的新一轮“返乡潮”。在这一轮“返乡潮”中的农民并不是城市生活的失败者，他们未来将成为新农村生活的创造者。

新时代，越来越多的农民在掌握了互联网等新科技和商业知识后选择回乡创业，越来越多的农民在土地流转、农业合作化、农业机械化发展过程中，转变成为农村新型经营主体。许多案例表明，作为农村创业的主力军，农民创业行为多在家乡乃至周围县域都产生了一定的影响。农民工返乡创业行为、传统农民向农村新型经营主体转变不仅缓解了经济转型时期农民工的就业问题，还在一定程度上推动了农村经济发展，缩小了城乡差距，对促进我国城乡经济协调发展和乡村振兴有重要意义。在此背景下，关注农民创业中出现的风险，并积极提出化解思路，才能有效帮助创业农民提高创业成功率。

CONTENTS
目　录

Chapter 1
第一章

人人有个老板梦

农民创业已经不是什么新鲜事。农民并非保守落后的代名词，相反，他们具有强烈的创业意识。改革开放初期，很多农民从创办乡镇企业起步，从小到大、从弱到强，创造了中国经济发展的奇迹。“老板梦”成为农民创业的不竭动力。

2018年3月5日，李克强总理在《政府工作报告》中指出，“五年来……大众创业、万众创新蓬勃发展，日均新设企业由5千多户增加到1万6千多户”，“深入开展大众创业、万众创新，实施普惠性支持政策，完善孵化体系。各类市场主体达到9800多万户，五年增加70%以上。国内有效发明专利拥有量增加两倍，技术交易额翻了一番。我国科技创新由跟跑为主转向更多领域并跑、领跑，成为全球瞩目的创新创业热土”。目前蓬勃发展的创新创业企业，其中有一个不可忽视的创业群体——农民。

农民创业已经不是什么新鲜事。农民并非保守落后的代名词，相反，他们具有强烈的创业意识。改革开放初期，很多农民从创办乡镇企业起步，从小到大、从弱到强，创造了中国经济发展的奇迹。根据《2016年农民工监测调查报告》[1]，2016年从事第二产业的农民工比重为52.9%，比上年下降2.2个百分点。从事第三产业的农民工比重为46.7%，比上年提高2.2个百分点。其中，从事批发和零售业的农民工比重为12.3%，比上年提高0.4个百分点。随着越来越多的农民工群体离开建筑业与低端制造业，他们在寻

[1] 国家统计局：2016年农民工监测调查报告，2017-04-28。

求更高、更好的发展前途，其中个人创业或家庭创业已成为一种发展潮流。

可以说，农民是当代中国社会繁荣发展的重要推动力量之一，也是最为活跃的创业创新群体之一。只要我们对中国自改革开放以来所取得的一系列成就稍作回顾，就不难看出农民群体所焕发出来的创业创新精神对中国现代化进程的深刻影响。

作为新常态下经济发展的新引擎，创业不仅是解决当前农民增收慢、农村富余劳动力转移、农村社会经济发展动力不足等问题的一把“钥匙”，也是当前加快农业产业结构调整、社会主义新农村建设、城乡一体化建设，解决“三农”问题的重要有效途径。

当前，政策、市场、环境是农民创业成功与否的三个重要支点。有了这三个支点，就有了创业路上的天时、地利和人和。在推进新型城镇化、精准扶贫的关键时期，随着中央扶持“三农”发展的政策逐步落实，创业正成为一大批农民的优先选择。

俗话说，“不想当将军的士兵不是好士兵”，每个人都有向上流动的动力，都渴望成功，对农民来说，通过创业实现梦想是其创业的巨大动力。特别是对许多外出打工的农民来说，他们接触最多的上层社会群体就是“老板群体”。“当老板”便成为他们人生奋斗的一个目标。许多农民工，特别是新生代农民工，可以说，“当老板”是其职业规划的一个梦想，老板群体是他们向往的一种身份。对许多农民工群体来说，用“不想当老板的打工者不是好打工者”可以形象地概括他们对“老板梦”的向往和追求。

诚然，“老板梦”并不是遥不可攀，不可实现的空中楼阁。在现实中，涌现出了一批通过创业成为老板的农民和成功案例。

一、19年的坚持：从农民到农场主

1987年江西省永丰县佐龙乡富裕村的农民钟光平高考落榜后，回到村里务农。一次偶然的机会，钟光平听朋友介绍说种植早辣椒收入高，他说服妻子拿出1亩地作为种植早辣椒的试验田，一年下来，收入是两季水稻收入的3至4倍。随后他迅速扩大种植规模。蔬菜一种就种了19年，他跟随当地老农学手艺，摸索出一套“打时间差”的种植蔬菜模式。种植的上千亩“秋延”辣椒，在春节上市，在市场上能卖个好价钱。而且他种的蔬菜种子都是本地种子，在市场上销路很好。辣椒下市后，他就种空心菜，然后种西瓜。这三个结合着种，是他多年种蔬菜摸索出来的经验。他把自己的西瓜和辣椒都注册了商标，叫“兄弟西瓜”和“姐妹辣椒”。

2013年1月，中央鼓励和支持承包土地向专业大户、家庭农场、农民合作社流转。钟光平领到“光平家庭农场”的营业执照。紧接着种植的果蔬实现农超对接，销往北京等100多个大小超市，家庭农场从此走上订单式产品销售模式。

钟光平家庭农场无偿提供30个大棚给贫困户经营，通过帮“种子”、帮技术、帮服务、帮销售，贫困户经营大棚户均增收2万余元。同时，吸纳22名附近贫困户长年在农场务工，人均收入可达2万元。此外，统一流转土地，划成30个股份，组织30户贫困户入股经营井冈蜜柚、葡萄等，由钟光平家庭农场提供技术指导和销售服务，让贫困户有稳定的收入来源。原来村民埋头于“一年两季、种田种粮”的传统耕作模式，务农收入有限，这几年，在钟光平的带领下，村民纷纷成立家庭农场，收入大幅提高。

如今，在国家实施乡村振兴战略的指引下，钟光平准备将自己的家庭农场打造成集农业与观光旅游为一体的田园综合体。

农民创业，在自己提高收入的同时，也带动了农村经济的发展，成为农民致富的带头人、“领头雁”。

二、何须背井离乡：从打工到老板

当前我国农村特别是广大的中西部农村地区，一个现实情况就是：大多数农村能人、农村精英和农村青壮年劳动力外出打工，留守农民大多年龄较大。因此，发挥农村内生动力的一个重要途径就是充分发挥外出务工农民的积极作用。一些传统的劳务输出大省，农民工回乡创业也较为活跃。因此，一方面要积极促进农村富余劳动力转移就业，另一方面也要积极鼓励、引导和扶持农民工回乡创业，实现农村劳动双向流动，才能搞活农村经济。农民工回乡创业是农民工外出务工后资金、技术、经验、管理、信息、理念等创业要素积累到一定程度时的一种理性行为，是劳务经济发展到一定阶段的必然产物，是一个客观的社会经济现象。农民工回乡创业的形式可以归纳为六种：扩大原有生产经营规模；搞农业开发或农产品加工；举办家庭副业；搞特种养殖种植；创办各种规模和各种形式的企业；建立专业化的农村经济合作组织，或成为农民经纪人。农民工回乡创业的影响因素有两种：个体因素和环境因素。个体因素主要包括性别、年龄、受教育程度、身体状况、婚姻状况、外出打工年限、管理能力、专业技能、创业动机和对待风险的态度等，它集中体现了农民工的创业能力；而环境因素则主要包括金融支持状况、创业优惠政策、创业培训状况、技能培训状况、自然资源的可获得性、基础设施状况、经济发展水平、社会文化以及配套产业的完善程度等，它影响着农民工创业机会的多少和农民工对创业机会的识别与利用。

农民工回乡创业是近年来农村外出劳动力回流中的一种特殊现

象，标志着农村劳动力由单向输出向双向流动的转变。为什么农民工会选择回乡创业？回乡创业是外出劳动力对输出地和输入地的投资成本和效益进行比较后的理性选择。农村外出劳动力返乡创业，实现了个人增财富、国家增税收、集体增积累、农民增收入的“四增”联动效应，推动了农村产业结构调整和体制创新。农民工回乡创业是农村人力资源的再开发，创造了一批新的就业载体，带动了当地富余劳动力就地转移，对拓展农村就业、发展县域经济有着重要的积极意义。农民工返乡创业是从“企业创建精神”方面深化乡土企业和农村工业化的发展动力。创业投资行为对农民家庭收入和消费、农村工业成长和产业结构的变化产生了深远的影响。

以江西省为例，2016 年，江西省农村劳动力跨省转移就业首次出现负增长，这表明越来越多的农村劳动力更愿意就近就地就业。以前内地市场狭小，用工需求有限；工业园区环境不好，生活服务等设施十分落后；与沿海地区相比，福利保障水平也很低，人们不愿留在家乡。现在政府倾力打造“政策优、门槛低、服务好、活力强”的创业就业环境，“引进一个，带动一批”的返乡创业“葡萄串效应”十分明显。

筑创业梦想，何须背井离乡

1994 年，乐安县 20 岁的小伙黄某前往东莞市虎门镇打工，他成了一名游戏机摇杆维修工；1995 年 10 月，他进入一家台资小企业做电子元件品控技术员；1996 年，随着电子产品市场的迅猛发展，他开始做网络设备的加工和市场营销，成功赚到“第一桶金”；1997 年，他在东莞创办了自己的公司。

2010 年，黄某投资 2.2 亿元在家乡创办公司，生产电线电缆、电子元器件和通信设备，以此作为他在广东集团公司的上游产业链。在家乡创业有得天独厚的优势，人熟地熟，家乡人就近就业，近400名员工中绝大部分是本地人。有位腿脚不便的乡亲从前在外打工，每月赚四五千元，如今她在黄某公司当技术员，每个月能赚3500元左右，本地就业的性价比很高。特别是2016年2月，乐安县与黄某公司联合打造的唯康电子商务产业园，为特色农产品触网开辟市场和销售渠道[1]。

黄某有一个优势就是他在打工中一直没有离开电子行业，而且从事过电子行业不同的工种他，熟练的技术为他的成功奠定了基础。这些自身经历加上一个好的契机，对他事业的扩大非常有帮助，这不，2010年家乡投资环境的优化，让黄某看到了商机，再加上一种家乡情怀，让他在家乡的创业动力越来越足。

这正应了那句话，“家乡是片热土，而你恰好有梦”。机会是给有准备的人的。

三、有土壤就能发芽：从农民到老板

在农民创业投入的各种资源要素中，对土地经营权的拥有是农民区别于其他创业主体的显著特征。这个特征使得相当多的农民创业活动与土地联系在一起、与当地的特色自然资源联系在一起，影响着农民对创业领域的选择。农民创业并不一定要开辟新的事业。创业的本质是创新，创新意味着风险，意味着对原有事业的突破。对农民来说，那些脱离第一产业领域生产活动的一种突破，就是创业。而农业生产活动，我们认为，只要采取了新的形式和方法，譬如采用新品种、新技术，改变和拓展生产活动范围，扩大原有生产规模，建立生产联合体等，尽管没有新的事业产生，但由于它不是对原有

[1] 黄晗：筑创业梦想，何须背井离乡，中国江西网－江西日报，2017-02-28。

事业的简单复制，相对于自身来讲当然是一种创新和突破，因而也属于创业活动的范畴。

党的十九大报告提出，实施乡村振兴战略，支持和鼓励农民就业创业。在当下“大众创业、万众创新”的“创时代”，农民创业无疑是创业大潮中的一道新风景。随着一系列政策措施的出台，很多返乡人员成功创业后，变成带动乡亲们就业致富的“小老板”，汇聚起了地方经济发展的新动能。

从农民到老板，一根小菌棒走出致富路

2013 年以前，喻某在国外做劳务，钱虽然不少挣，但始终漂泊不定。听说家乡一直没有人搞香菇种植，于是她决定回家乡创业，自己做老板。家乡的人们每到做饭的时间，手戴着手套一会儿弄米，一会儿又得摘了手套弄柴火，既不干净也不卫生。她当时想，做这个香菇，让妇女在自己家的院子里就能种，然后香菇出完菇的菌棒，像个小木棒似的，还能烧火，既干净又卫生。最开始的想法就是这么简单。

北方的气候特别适合种植香菇，而且出菇的时间是夏天，那个时候南方是没有蘑菇的，随着北方种植蘑菇的规模扩大，将来在全国的市场就有话语权了。

在各种政策扶持下，喻某投资 300 万元，盖起了 30 栋大棚。种植的第一年就给她带来 200 万元的收益。香菇种植的高效益让更多的村民跃跃欲试。2015 年，喻某注册成立了梅河口市烨盛食用菌种植合作社，采用标准化的种植模式，与农民签订产销订单。香菇种植不仅填补了山城镇五里堡村特产种植的空白，也让村民多了条增收的路子。

经过取经学习、潜心研究，喻某自己摸索出了一套种植技术和经验，逐渐由外行变内行。现如今，她又投资新建了菌包厂，带动更多村民

增收致富。[1]

如果把和喻某一样、怀有梦想的返乡创业者比作“种子”，那么，如今这些种子已经纷纷在大地生根发芽。

四、盯紧服务市场：从农民到老板

服务在城市务工农民的需求，也可以成为创业的一个突破口，有的甚至可以实现从农民到老板的转变。《西藏日报》就报道了央金如何实现从农民到老板的转变。

央金实现从农民到老板的转变，之所以与一般农民开工厂、搞加工不同，主要与她所从事的行业有关。一般农民创业所瞄准的是城市市场，主要为城市发展服务，也在着眼城市发展过程中不断寻求商机，寻找发展的产业。但是，央金之所以能够实现从农民到老板的转变，是由于她的眼光不同，她没有将目光直接对准城市市场，而是对准了向城市提供劳动、产品、服务的农民工群体。具体情况是怎么回事呢?

2000年，央金夫妇俩怀揣着5000元钱来到了拉萨。瞅着拉萨进城务工人员逐渐增多，便寻思着开个快餐店，“生意应该很好”。一个星期之后，央金的快餐店就开业了。

事实证明央金的眼光的确不错。由于快餐店周围打工族众多，而拉萨的快餐店又以川菜口味居多，很多进城务工人员发现央金的藏式快餐店后，食客便纷至沓来。再到后来，一些大的“订单”也开始主动找上门来。[2]

---

[1] 金珊珊：从农民到老板，一根小菌棒走出致富路，吉林大喇叭，2017-11-29。
[2] 陈闰娥：从农民到老板，西藏日报，2012-08-15。

这是央金在拉萨赚的“第一桶金”。当然，仅仅这样，也不能做大做强。要当老板，就要有企业家精神，即危机意识和创新勇气。因此，他们在经营快餐店后发现，快餐店利润比较薄弱，夫妇俩每月的纯收入始终没能突破千元大关。但是，在做快餐店时发现了新的商机，那就是向快餐业的上游产业发展。

于是，夫妇俩开始考虑做食品调料批发生意，通过经营类型的适时转型，生意渐渐有了新突破。就这样，夫妇俩凭着诚实守信，通过自己的踏实苦干，终于把生意做得有声有色，经济收入不断好转。如今，赚得盆满钵满的央金一家，日子过得是红红火火。[1]

央金一家成功实现从农民到老板的转变，主要是他们找到了适合自己的产业发展，并在不断创业中及时发现风险和危机，并在危机中寻求转机，寻找更好的市场机会。因此，他们才能在做快餐业后又做食品调料批发生意。只有在市场中不断发现商机和危机，并不断地调整自己，才能不断发展壮大，在创业的道路上越走越宽。

五、从穷到富：从农民到老板

从曾经的穷农民，到如今的富老板，农民所付出的艰辛是异常的，这种吃苦耐劳的精神是他们能够创业成功的不竭动力。用我们现在的话来说，“穷则思，思则变”。只有这种不服输、不安于现状、不服穷的态度，有一股闯劲，才能实现改变现状的可能。

湖北省十堰市郧西县关防乡地处鄂陕交界，交通不便，现在小镇上身家千万以上的有五六人。可是他们当年多是身无分文被逼出远门的打工仔，靠着勤奋、智慧和执着，在建筑、金矿等领域做得风生水起。

[1] 陈闰娥：从农民到老板，西藏日报，2012-08-15。

吴某是镇上人公认的“首富”。可是大家都知道，吴某有兄妹7人，兄弟姐妹多，家里经常揭不开锅，他们家总是吃了早饭愁午饭，所以他14岁就辍学了。辍学后，他帮家里做工。但吴某不甘贫困、胆子大。

他17岁开始做生意。最初的生意只筹集了几十块本钱，扛条扁担漫山遍野从农户家收购核桃、木耳等山货，然后挑到集镇变卖。后来，他从农户家收购生猪，然后拉到集镇宰猪卖肉。再后来，国家粮食专卖放开，他在集镇上租了间小门面，做起粮食生意。但是，粮食市场变幻不定，1996年，他一下子亏掉30多万元，小老板瞬间一贫如洗。最穷时，他付不起100多元的房租，一顿两块多的饭钱也在房东的小餐馆赊账。穷得没人敢理睬，唯有债主不断逼债。有人让他一跑了之。有人劝他回家老老实实种地。但吴某觉得不能放弃，“一放弃就完了”。[1]

这句“一放弃就完了”，对那些想创业的农民来说，是非常重要的。创业有时候就是在最困难时候的坚持，有时候坚持就会有机会，有句诗“山重水复疑无路，柳暗花明又一村”，说的就是这种情况。在最艰难的时候咬咬牙，等待时机，坚持下去，创业有可能就会成功。

不管在创业多艰难的时候，有一样东西不能丢，那就是诚信的品质。在创业中，需要的是各种各样关系的维护，也需要别人的支持。俗话说，“穷在闹市无人问，富在深山有远亲”，在飞黄腾达的时候，有人帮助是很正常的，但是在穷困潦倒时，要得到别人的帮助，主要依靠什么，那只有诚信了。因此，在创业中，不管遇到什么样的困难，诚信的品质非常重要，特别是现在，信任已经成为一种稀缺品的情况下，你的诚信会帮你走出困境。

[1] 杨万国：曾经的穷农民 如今的富老板，新京报，2012-01-31。

1997年，他出门打工，去河南灵宝金矿挖矿。吴某带着10多个工人，承包了一个小坑口，跟着工人同吃同住，一起干活。吴某坚持了7年，直到2004年才把债务还清。[1]

他的坚持终于看到了成效，守得云开见月明。还清了钱，这为他今后的创业成功扫清了障碍。只有这种“吃得苦中苦”，能够在最基层的地方摸爬滚打，能够熟悉创业中的各种状况，才能在今后的做大做强时少走弯路。因此，对每一个创业者来说，创业中所经历的成功也好，失败也好，都会成为其日后走向更大成功的财富和经历，只有经历这些挫折，才能脚踏实地，把蛋糕做大。我们从吴某最近这几年的经历就可以看出。

2008年，吴某自己开办了选矿厂，从过去只会挖矿发展到了精选金矿。他的事业也开始腾飞。不久，他又以千万资金注册了某矿业有限公司。从此，事业开始步入正轨。目前，他的公司日选金矿千吨，成为灵宝市名列前茅的大选矿企业。[2]

从这个成功案例来看，农民创业需要那种敢于冒险、艰苦奋斗的创业精神。对吴某来说，吃苦耐劳是其成功的首要条件，他在创业中所经历的困难都是通过吃苦耐劳来克服的。因此，在这里，我们应该明白一个道理，成功，成为老板，赚更多的钱人人都很羡慕，人人都想成为那个成功的大老板。但是，要知道，大老板光鲜的背后创业中的艰辛、坎坷、起起伏伏也是有的。

因此，看到许多从农民到老板成功的案例，能使我们认识什么是创业，以及在创业中应具有的创业精神，我相信这些对想创业的农民是非常有用的。

---

[1] 杨万国：曾经的穷农民　如今的富老板，新京报，2012-01-31。
[2] 杨万国：曾经的穷农民　如今的富老板，新京报，2012-01-31。

六、农民创业先知道

农民作为创业者是农民创业活动中的灵魂人物，也是农民创业管理中的核心议题。农民创业者置身于创业过程的核心，是农民创业的主体。农民创业者承担个人、家庭和财富上的风险来从事创业活动，他们在创业过程中起着关键的推动作用和领导作用。这种作用包括商业机会的识别，企业组织的创立、融资、产品创新、资源获取、有效配置及运用以及市场开拓等。因此，对于农民创业问题，根据创业研究领域中关于创业主体的研究，那些充分利用未被他人认识的获利机会的人才可能成为创业者。

（一）农民创业者的共同特点

根据对创业者的研究来看，农民创业者拥有一些令人吃惊的共同点：

1. 他们不断地积累经验。但是他们积累经验的方式是不同的，有的是从打工中积累经验，有的是从农业生产中积累经验，有的是直接创业，一边创业一边积累经验。

2. 他们有系统思考的习惯。他们思考的不仅是一时创业的成功，还需要思考创业的规模、创业项目的调整等。

3. 他们愿意接受挑战。因为农民从来都是具有闯劲的一群人，他们原来流动到大城市打工，适应新的环境，这是一种挑战；现在他们从事创业，经营各种产业，从事各种服务，也是在不断适应市场变化。因此，他们骨子里具有愿意挑战的意识。

4. 他们喜欢竞争。这种竞争跟一般的竞争还是不同的，他们在竞争中模仿，在模仿中求同，在求同中扩大产业，甚至在不断扩大产业中形成分工合作，产生品牌的产业聚集效应。

5. 他们是事业蓝图的描绘家。每年他们都会有或长或短的事业规划，这些规划从个人事业规划开始，扩展到家庭的事业规划，甚至整个家族、整个村庄的事业蓝图和事业规划。

6. 他们行动果断。农民创业跟市民创业所顾虑的不同，市民创业可能会考虑辞职、脱离体制等问题，农民一般没有这些顾虑，他们的行动更加果断。

7. 他们一直追求着巨大和持久的改变。不断创业，过上好日子，富起来，是农民创业的追求。他们会不断地创业，选择不同的产业、行业，甚至同时从事几种产业。他们有的一边从事农业，一边从事加工服务业。

（二）农民创业者成功的要素

本书根据创业者所具备的要素，结合农民自身特征，总结出农民创业所要具备的各种要素：

1. 健康的身体：健康的身体是创业的首要条件。

2. 吃苦耐劳的精神：这种精神主要指农民创业者在创业过程中需要勤劳、踏实、不怕吃苦。

3. 自信：创业需要跟不同人打交道，自信是必不可少的。

4. 紧迫感：市场竞争激烈，农民往往对成功估计过高，过于乐观，而对困难估计不足。因此，农民创业者要有危机感、紧迫感，只有这样，才能应对变幻莫测的市场。

5. 广博的知识：这里的知识不仅指创业的知识，对农民来说，还需要管理知识和法律知识等。

6. 脚踏实地：对农民创业者来说，脚踏实地非常重要，也是创业成功的前提。

7. 学习能力：农民应不断适应新的市场变动，要让自己具备应对新事物的能力，不断学习、善于学习。

8. 客观的人际关系态度：在中国，人情世故的处理非常重要，特别是在创业中要处理好各种各样的关系，对创业成功非常有用。

9. 情绪稳定：对创业农民来说，创业不同于打工，要面对不同的群体，有雇员，有客户，有上游老板，因此管控好情绪非常关键。

10. 迎接挑战：农民在创业中应具备迎接挑战的心理，面对科技的不断发展，应该具有不怕困难的心理素质。

11. 对幸福生活的向往：崇高的理想对农民来说，就是通过自己的双手创造属于自己的幸福，要明白，幸福都是奋斗出来的。

说了这么多，我们需要回过头来，看看究竟什么是创业能力？农民在创业中需要具备什么样的创业能力？

（三）创业能力

能力是什么？能力是在某一具体的工作岗位上或者团队环境中可以区别绩效水平的个人特性，包括在社会中的角色、自我的形象以及动机、态度、技能和知识等其他组成要素。

能力的特征，形象地说就像一座“冰山”（见图 1），可以把个体的能力描述为一座漂浮在水面上的冰山。冰山分为两个部分：浮出水面的部分是知识和技能；潜在水面下的部分是动机、特质和自我认知等。前者被称为“门槛能力”，是对个体胜任某职位的基础素质要求。基础素质是容易被观察和测量的，因而也是容易被模仿的。后者被称为“差异能力”，是区分绩效优异者与绩效平平者的关键因素。因此，我们平常所看到的只是冰山浮出水面的部分，那隐藏在海水下的才是支撑起农民创业的坚实基础。

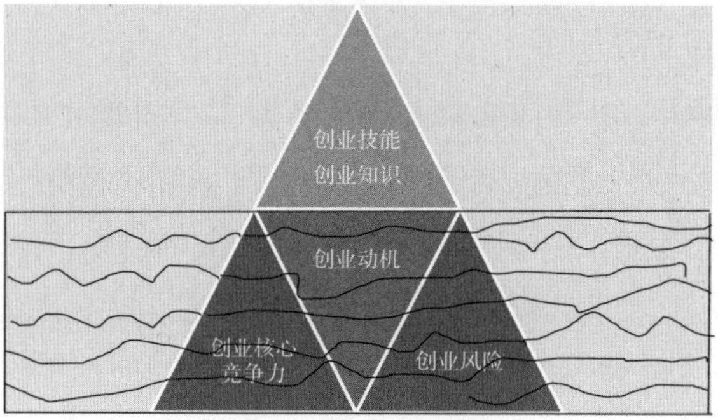

图 1　冰山形创业能力

从外到里，创业能力的呈现形式被称为洋葱头形。具体如图 2 所示。我们所看到的是洋葱头外层的技能方面，但是，真正成为创业者是需要内生动力的，内生动力才是创业成功的不竭动力。

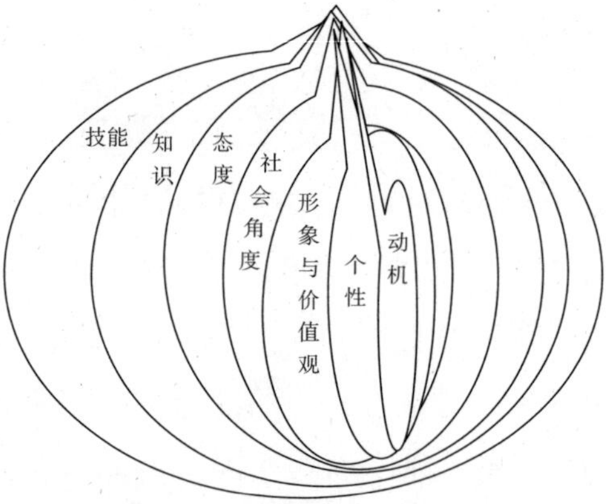

图 2　洋葱头形创业能力

能力洋葱头的核心要素分别是：动机、个性、形象与价值观、社会角度、态度、知识、技能。从中我们可以看出，动机、个性等处在核心地位，只有这些内在的动因，才能形成外在的技能、知识等能够在创业中有用武之地的能力。从以下胡某的创业经历中能看出创业能力的重要性。

从失败的创业到重新修炼创业技能

1989 年胡某投身美发行业，在一家美发厅学手艺。经过几年的学习，他自认为小有所成，可以出来自己“打天下”了。20 世纪 90 年代初，胡某离开美发厅“单干”，经营起一家 20 多平方米的小理发店。然而，创业的激情很快就在现实面前碰了钉子。由于手艺不精，服务不善，很多客人抛下一句“这发型比不上其他店”，就不再光顾了。“开店创业，关键是技术，技不如人是没有出路的。”胡某权衡再三后，毅然关了小店，踏上学艺深造之路。

1994 年，胡某进入一家有规模的美容店当美发师。十年间，他兢兢业业工作，闲暇时广览时尚杂志上的新发型介绍，琢磨发型设计方案，在美容美发交流会、国际发型演示会上，也经常能见到他的身影。后来，胡某创办了属于自己的形象设计中心。

胡某后来之所以成功，是因为他心中创业的那个火苗没灭，这也成为他后来学艺之路的不竭动力，因此，创业动机很重要。由创业动机联系起来的创业特质逐渐显现，其中：

1. 动机是推动个体为实现目标而去采取行动的内在驱动力，胡某这个创业的火苗一直都没有熄灭。

2. 创业个性是个体对所在外部环境及各种信息等做出反应的方式、意愿与特性。胡某就因为有了创业的动力，所以才能在创业受到挫折后找到问题的症结并积极应对。

3. 自我形象与价值观是个体对其自身与经济、政治、社会、道德等的看法与评价。胡某在首次创业失败后，没有怨天尤人，而是认真接受现实，这是他能东山再起的优势。

4. 社会角色是个体对自身所属社会群体或组织行为准则的恰当接受和认识。

5. 态度是个体的自我形象与价值观以及社会角色综合作用下的

外化结果。

6. 知识是个体在某些特定领域所拥有的专业知识。

7. 技能是个体有效运作特定知识和技术来完成某些具体工作或任务的能力。

洋葱头形与冰山形创业能力相比，本质是一样的，都强调核心素质或差异素质。有的人具有企业家的胜任力，何为企业家通用胜任力？即老板能力。根据企业家通用胜任力模型，本书总结出老板能力的行为表现。对于想创业的农民来说，可以参照老板能力表，自查是否具有这样的能力。

表 1 老板能力表

能力	行为表现	是否具有
主动积极	凡事想在别人前面，在他人提出要求之前即主动处理	
	因为事件发生而主动处理，事情发生后勇于承担责任	
	善于接受新事物，采取行动拓展新的产品或服务领域	
把握机会	不受原来创业产业的制约，及时掌握新的商业机会	
	掌握不寻常的机会，善于抓住机会以获得融资	
	掌握不寻常的机会以获得土地等资本	
	掌握不寻常的机会，让别人在自己身上看到希望并获得协助	
勇往直前	通过采取重复或不同的行动以解决障碍	
	面临重大障碍时，不会退缩而是采取行动	
发掘信息	研究如何提供产品或服务来改善投资条件	
	请教专家，寻求商业或技术建议以获得创业帮助	
	及时发布信息，寻求资讯或提出问题以澄清供应商的需求	
	不断进行市场研究、分析、研判或调查	
	使用人际网络或资讯网络以取得有用的资讯	

（续表）

能力	行为表现	是否具有
追求工作质量	希望能够制造或提供更高品质的产品或服务	
	认为自己与公司的工作优于其他工作	
关心企业成长	尽最大努力完成工作	
	处在顾客的角度思考问题	
	与员工一起同甘共苦	
	关注客户对产品或服务的反映	
效率偏好	想办法以更快速度、更低成本的方式做事	
	使用科技资讯或商业工具以改善效率	
	针对改善、改变或行动过程关注成本 / 利益	
善于规划和管理	将大任务分解为小任务，大风险分解为小风险，大困难分解成小困难	
	规划和管理包括对风险和困难的应对措施	
	评估替代方案的可行性	
	以有逻辑的、系统性的方法推进各项活动的进展	
准备好解决问题的方法	善于形成 B 方案	
	突出 B 方案的新方法、新思路	
自信	个人对完成工作与克服挑战的信念	
	面对他人反对或初步失败时，仍然能够坚持自己的判断	
	能够做自己认为有风险的事	
说服力	说服消费者	
	说服投资人	
	说服合伙人	
	说服甲方	
	说服市场潜在客户	

（续表）

能力	行为表现	是否具有
寻求社会资本	发展商业关系	
	寻求中介人、搭桥人	
决策执行力	直接向他人提出问题	
	告诉别人该做什么	
	责备或规范没有达到预期目标的人	

农民创业能力的形成既与当前的创业环境有关，也与早期的成长环境有关。农民这一创业群体同其他创业群体面临相同的经济、法律和社会文化环境，因此在创业能力的表现上具有类似性。但是，早期的成长环境不同，身份的差异同样会影响他们最终形成创业能力的表现。

（四）创业与创新

回过头来，我们来看看什么是创业？

创业，是受机会驱动的，并在思考、推理后所做出的行为方式。创业是价值产生、增加和实现的过程。在创业过程中，受益者不仅包括创业者自身和参与创业的所有投资者，同时还包括整个人类社会。这是从人的需求层次上来分析创业，并认为创业是人们追求更高层次的自我需求的一种方式。

也有人认为，创业是按照自己的思想、理念和目标，努力奋斗的一个过程。这一概念强调创业的过程是可取的，因为创业过程往往比创业结果更加精彩，正如一句流行语，“我们不在乎目的地，只在乎沿途的风景”。只有精彩的过程，才能实现不一样的结果。

另外有人认为，广义的创业是指人们根据社会需要，运用自己的聪明才智创立的一种事业或在工作中有所创造、创新或发展；狭义的创业是指仅创办企业。广义的创业是指个人或群体，为了改变自身现状或造福后人，依靠自己的能力和力量创造财富的艰苦奋斗过程，它具有功利性、自主性和开拓性这三个特征。[1]这一概念突出了创业的层次性，这是一个不争的事实，不同社会群体的创业是在不同层次上的创业。现在随着时间的推移和科技的进步，两种类型的创业呈现出不断分离或不断融合的双重趋势。

综合上述关于创业的概念，我们认为所谓的农民创业主要是指具有农民身份的群体通过自身或以整个家庭为单位直接参与到市场竞争中去，从事独立承担风险和收益的经济活动。这里的概念强调了农民创业的不同特点：

（1）创业群体是农民或其家庭成员，农民所受教育水平有限、技能不高、受户籍制度制约等特点是农民群体不同于其他创业群体的特点。

（2）创业的资本主要来自于自身和家庭。特别是家庭的支持程度具有不同于市民创业的特征。

（3）创业的特点是直接参与到市场中去。这是以往对创业概念进行概括所没有的。本书认为创业不同于就业的显著特征就是是否直接参与到市场竞争中去。农民直接参与市场的创业行为与其进入工厂、企业的就业行为是不同的，也与其从事单纯的农业生产活动不同。就业对市场的关注程度是间接的，而创业对市场的关注程度是直接的。农业生产活动仅存在于自给自足层面，而农业领域的创业性生产就要考虑生产的农产品的市场前景、销售等问题。

---

[1] 彭继华：论创业教育——我国高校理想信念教育新领域，华中师范大学硕士学位论文，2007。

（4）关于利益与风险的分配问题。农民作为创业者，就需要扮演一个市场主体的身份，这种身份面对市场，既有风险又有收益，风险和收益是放在一个篮子里面的，可以把其称之为创业的“一揽子协议”。

纵观农民创业概念的定义，我们不难看出，农民创业既有所有创业者所共有的特征，又有农民群体所独有的特征。从整个创业的历史来看，现代社会许多创业的成功案例来自美国。因为美国社会半个世纪来的创业历史使整个国家的社会、经济发生了深刻的变化，改变了人们的生活、学习、工作以及领导的方式，实现了那些渴望自足、经济独立、自我决定生活方式的年轻人的梦想。从创造就业机会到推动改革创新，从创建全新企业到形成风险资本，从提高竞争力和生产力到促进社会变革，半个世纪以来的创业历程改变了美国和全世界的经济形势，这种局面仍将长期延续，会对整个世界和人类社会产生巨大而深远的影响。[1]在这一过程中，提炼出了企业家精神。当然，这种创业精神在中国城市化进程中也具有十分重要的作用。

包括农民在内的所有创业者都必须具有企业家精神，企业家精神的核心就是创新。农民创业能够获得成功，必须在创业过程中考虑“新”的因素。实现创新是企业家的职能，创新是指“企业家对生产要素所执行的新的组合”，具体包括以下几种情况：

生产出一种新的产品；

采用了一种新的生产方法；

开辟一个新的市场；

[1] 刘唐宇：中部欠发达地区农民工回乡创业影响因素研究——以江西赣州地区为例，福建农林大学博士学位论文，2010。

获得一种原料或半成品的新的供应来源；

实行一种新的企业组织形式；

创造一种新的市场经营方式；

引导一种新的消费习惯。[1]

这些创新是有层次的，那些生产一种新的产品、采取一种新的生产方式的创新程度远远不如开辟一个新的市场、获得一种原料或半成品的新的供应来源那样来得更醒目，但是，创新的更高级别是创造新的市场经营方式，或在市场上培育新的消费习惯。对创业农民来说可能难以实现，有的甚至会觉得“跳起来也摘不到桃子”。在此，本书要说的是对农民来说，千万不要灰心，因为所谓的“新”都是在特定的时间和空间范围内的，因此，农民只要抓住特定时间、空间范围内的创新因素并实践到自己的经济活动中去，那成就一番事业也是有可能的。

同时，这也意味着取得创新的创业者在创业过程中的辛苦付出、高回报和高风险共存，若创业成功后，最终将会获得金钱的回报、个人的满足以及对社会做出贡献。创业者经过努力在满足他人需求的同时也获得了利益，这是包括农民在内的创业者所孜孜以求的。

让农民投身创业的动力是什么呢？我们对此进行分析。

1. 创业最终可以获得收益、个人满足和贡献社会

人的需求是多方面的，既包括物质层面的，还包括精神层面的。从物质和精神两方面来说，创业成功所获得的收益、满足和对社会的贡献，主要分为以下几个方面。

[1] 熊彼特，何畏译：经济发展理论，商务印书馆，1990。

表2　创业的满足力

	物质层面	精神层面
收益	金钱收入、财富积累	成就感、自我实现
满足	生活水平	面子
贡献	带动就业、创造社会财富、带动地方发展	智力成果、形成创业文化

从收益来看，物质层面的收入包括金钱收入、财富积累；精神层面主要包括成就感以及自我实现，增强自信心和对生活充满信心。农民创业可以满足物质层面的需求，包括提高生活水平，这里不仅指自己生活水平的提高，让生活过得更有质量。还包括整个家庭生活水平的提高，甚至包括带动整个村的发展或创业所在地周边相关产业的形成。满足的精神层面主要包括有面子，给面子增光，并能够拓展社会资本，丰富社会关系。特别对农民来说，农民处在一个熟人社会，个人社会地位的变化在熟人之间的传播速度是非常快的。个人的成功会非常迅速地成为别人羡慕的对象，农民也会关注周边熟人对其自身的评价，这无形中增加了农民创业的动力。

同理，对社会贡献方面，也包括物质和精神两个方面。对社会的物质贡献主要包括带动就业，特别是创业规模越大，所带动就业的能力就越大，通过创业，可以创造出更多的社会财富，一些产业集聚的地方更能实现财富的累积效应，带动地方经济发展。社会贡献的精神层面主要包括在创业过程中，可以形成一定的智力成果，有的甚至是具有知识产权的智力成果，这种精神层面的贡献意义更大。特别是对农民工创业者来说，创业成功具有示范作用，在一定条件下，可以形成创业文化。如新浙商、新赣商等新的创业精神有一定的文化符号特征。

2. 创业是创造具有更多价值的新事物的一个劳动过程

从创业行为来看，创业是需要创造出“新”的事物。当然，值得注意的是，“新”是相对而言的，“新”是相对事物的新，“新”是相对技术的新，“新”是相对经营方式的新，“新”是相对规模的新。在这个相对“新”的范围内的创业能够创造更多的价值，即将更多价值附加在上面，这一过程中不可忽视的是，这是一个劳动的过程。这个劳动过程相比以往的劳动过程能够创造出更多的价值。

3. 创业需要贡献必要的时间，付出极大的努力和依靠智力支持

要创业，要具有市场竞争力，必须具备的一个条件是创新。创新是融合在创业中的，因此，创业能够具有创新的内涵，在创业的过程中，必需的时间精力是不可或缺的。这些时间必须达到创新的效果，因此，创业所需的时间必须是创新的有效时间。这些时间段内主要付出的是智力成果。创业者要让创业更加富含知识，更加具有智力成果。

4. 创业必然存在的各种风险

创业中包含可以避免的风险和不可避免的风险。创业者对各种风险应该有一个充分的认识，并判断自己是否具有化解风险的能力，能在多大范围内、多大程度上化解风险。创业风险可以分为系统风险与非系统风险。系统风险是由于外部环境的不确定性引发的风险，且是全部投资者都无法避免的风险，如利率的变化对货币市场的影响、政策法规的变动等对所有投资对象都会产生影响，不可能通过制定策略来避免；非系统风险是非外部因素引发的风险，是可以避免的风险，产生这种风险的原因是某些独特概率事件，可以通过风险分析、评估和控制等一系列措施提前防范、降低或避免。[1]

[1] 郝杰：创业投资风险评估体系与模型，重庆工商大学硕士学位论文，2007。

（五）农民创业环境

转型期我国农民的创业风险包括来自于创业投资前期的资源风险、创业投资中期的运营风险、创业投资后期的市场风险以及贯穿整个创业过程的环境风险。由于受到种种主客观因素的影响，农民形成的低积累、低储蓄水平以及当前农村基本风险保障体系的缺乏，农民创业者与其他创业主体相比，对风险的偏好更低、承受能力更弱。

因此，有必要关注农民创业风险的管理，应该站在“事前”“事中”和“事后”的角度，从风险规避、风险控制、损失承担、损失分散与转移四个方面进行正规机制与非正规机制的安排。

目前，农民创业的整体环境如下：

一是创业环境总体良好；

二是创业农民的整体素质能力水平仍然处于中低层次；

三是以生存型创业为主，非生存型创业开始显现；

四是能人示范效应显著，对资源、政策的依赖性较强，工商户兼业现象普遍；

五是以就地依托家庭创业为主，组织化水平较低。

（六）分类别的农民创业风险

农民创业的类型主要有农民工留城创业、农民工回乡创业、失地农民创业等多种类型。从农民增收和农民创业关系来看，农民增收的关键在于农民的自我创业。农村剩余劳动力向非农产业和城镇转移是工业化和现代化的必然趋势，而转移的出路既可以是进城务工，亦可立足农村创业，即就地创业。农民创业的过程，突破了传统的农民—农村—农业的生产方式，是对原有的城乡二元体制的挑战和创新，是农民就业、农民增收的主要途径。

1. 农民工留城创业

除了打工外，农民工留城创业是农民融入城市的主要形式。农民工留城创业的主要类型包括自雇创业和雇佣他人创业。城市自雇创业基本上与打工就业属于同一种类。这种类型的创业是典型的生存型创业。如图3的农民工在城市自雇创业，他所面临的主要风险是没有活干。揽不到活意味着失业，这种失业是一种隐性失业，对农民在城市的生存有着极大威胁。

图3　城市自雇农民工

图4　留城创业农民合伙开拉面馆

另外一种农民在城市的创业属于雇他型创业。这种创业所面临的风险已经不是生存型风险，而是来自市场的风险。如过高的房租、人员工资等都会导致他们在城市创业的成本增加。图4是亲戚合伙在城里开拉面馆。这种创业形式前期的投资较大，还要处理好亲属关系和合伙人之间角色的转变，以及管理方面的风险问题。因此，可以说，同样是留城创业，基于农民留城创业的层次不同，其所面临的创业风险也是有差异的。

2. 农民工回乡创业

农民工回乡创业是近年来农村外出劳动力回流中的一种特殊现象，标志着农村劳动力由单向输出向双向流动的转变。有人把返乡创业农民称为“城归”。对“城归”来说，回乡创业是外出劳动力对输出地和输入地的投资成本和效益进行比较后的理性选择。农民工回乡创业是外出打工的一种派生现象，是城乡二元体制和农民工基于改变职业与自身发展双重压力所导致的结果。农村外出劳动力返乡创业，实现了个人增财富、国家增税收、集体增积累、农民增收入的“四增”联动效应，推动了农村产业结构调整和体制创新。农民工回乡创业是农村人力资源的再开发，创造了一批新的就业载体，带动了当地富余劳动力就地转移，对拓展农村就业、发展县域经济有着重要的积极意义。农民工返乡创业是从“企业创建精神”方面深化乡土企业和农村工业化的发展动力，创业投资行为对农民家庭收入和消费、农村工业成长和产业结构的变化产生了深远的影响。但是农村基础设施不完善，市场信息滞后等因素是“城归”群体所面临的风险。

3. 失地农民创业

随着经济社会的发展特别是城市化的不断推进，失地农民数目越来越多，如果不能有效地实现转型，可能会成为弱势、边缘的群体。解决城市化带来的失地农民的问题，其有效途径是促进失地农民自主创业。要从根本上解决农民失地问题需要转变思路，即从保障生存转向促进发展。现有的补偿和保障措施，不能满足失地农民长远的可持续发展要求。当前的焦点应放在创业和就业上，以创业促进就业。如：靠近咸阳机场的农民，他们土地基本上都已经被征用。但是，基于地理位置优势，乘车到机场不到十分钟。他们把自己的农房改成家庭旅馆，满足乘坐飞机旅客的住宿需求，针对不同的客户需求，他们还提供叫醒服务和安排接机送机。农民通过自身的创业，成功地实现从第一产业到第三产业的转型。

但是，有些地方的失地农民不具备这样的条件和优势，投资项目营利性小，盲目跟风，投资创业面临的风险极大。

4. 与农业、农村经济结构战略转型相关的农民创业

近年来，部分农民创业越来越多地追求与农业发展相关的产业。如：现代麦客。

麦客是一种古老的与农业有关的职业，在农忙时替别人割麦子赚劳务费。随着农业机械化发展，依靠人力割麦子的成本非常高，机械割麦可以直接加工成麦粒，省去了很多中间环节。但是联合收割机并不是每个家庭都能购买得起的，而且也没有这个必要。有些农民瞄准这个商机，通过农机补贴政策购买联合收割机，跨省作业，成为“现代麦客”。他们根据谷物成熟时节，先从陕西收起，一边收一边走，结伴而行，收割的足迹遍布陕西、甘肃、宁夏、内蒙古、青海等地。直到青海油菜籽收完，才回陕西。

这些依靠农业创业的农民，在创业中所面临的风险与其他农民创业类型是不同的，他们需要特定的技术、吃苦耐劳的精神、机器维修本领和搞好人际关系的能力。

从不同类型的农民创业来看，其所面临的创业风险是有差异的，而且有些差异是非常大的，有的创业中不存在的风险在另外一种创业中有可能非常普遍。总之，除了性别、受教育年限、身体状况、是否参加过创业培训、是否了解创业政策、基础设施和配套产业是

否完善、经济发展水平、社会文化是否支持创业行为等普遍性创业风险点外，年龄、技能状况、婚姻状况、外出打工年限、是否参加过技能培训、是否担任过管理岗位工作、亲友借贷是否顺畅、正规金融机构借贷是否顺畅、自然资源是否容易获取、创业动机强度和对待风险的态度都会影响农民创业的成功。[1]

在看到许多成功的个案后，许多人跃跃欲试，都想投身创业大潮，产生了创业动机。通常，动机的产生有两个来源，即需求和刺激。以农民创业为例，农民为满足生活基本需求进而创业属于需求导向的创业动机。而外部环境，如政府为激励创业者颁布的政策属于刺激，由于有利好政策的刺激导致的农民创业属于刺激导向的创业动机。但是，越是看到别人成功，越需要冷静地思考——别人的成功经验能否在自己身上复制。这里并不是对那些想创业的农民泼冷水，而是希望农民在创业前审慎思考，对创业中有可能面临的风险和自己的应对能力进行充分的思考。

七、现实很骨感，创业有风险

据清华大学《全球创业观察中国报告——基于 2005 年数据的分析》的研究显示，我国 20%~30% 的创业公司的成功是以 70%~80% 的企业创业失败作为代价的。特别是在第三产业中，服务行业中的创业者在 5 年内的创业失败率高达 95%，可见创业失败率之高，风险之大。同时从实际情况来看，投资时缺乏科学的、准确的和有效的风险评估是导致创业失败的主要原因。许多创业农民投资决策前

---

[1] 刘唐宇：中部欠发达地区农民工回乡创业影响因素研究——以江西赣州地区为例，福建农林大学博士学位论文，2010。

一般都没有进行创业风险评估。目前也没有针对农民这个创业主体的特殊性而建立一套科学准确有效的评估体系和评估方法。为获取更高的回报，农民创业者要规避风险，应具有识别和处理风险的能力。有鉴于此，梳理农民创业风险和建立化解机制就显得非常必要和重要。

对农民创业者来说，创业既是原有经营经验的积累，但也面临着一定的风险。最可怕的是农民还没想好怎么做，就已经在行动的路上。因此，有必要对农民创业中可能遇到的风险进行识别、归纳，让农民在创业中尽可能地避免风险，提高创业成功率。

（一）创业风险形成的原因

创业环境的不确定性，创业机会与创业企业的复杂性，创业者、创业团队与创业投资者的能力与实力的有限性，是创业风险的根本来源。创业风险主要表现在如下几个方面。

表 3　创业风险形成的原因

风险原因	表现形式
融资缺口	创业者可以证明创业构想的可行性，但往往没有足够的资金将其实现商品化，从而给创业带来一定的风险。
研究缺口	主要存在于仅凭个人兴趣所做的研究判断和基于市场潜力的商业判断之间。当一个创业者最初证明一个特定的科学突破或技术突破可能成为商业产品基础时，他仅仅停留在自己满意的论证程度上。
信息和信任缺口	信息和信任缺口存在于技术专家和管理者（投资者）之间。也就是说，在创业中，存在两种不同类型的人：一是技术专家；二是管理者（投资者）。这两种人接受不同的教育，对创业有不同的预期、信息来源和表达方式。如果技术专家和管理者（投资者）不能充分信任对方，或者不能够进行有效的交流，那么这一缺口将会变得更深，带来更大的风险。

（续表）

风险原因	表现形式
资源缺口	资源与创业者之间的关系就如颜料和画笔与艺术家之间的关系。没有了颜料和画笔，艺术家即使有了构思也无从实现。创业也是如此。没有所需的资源，创业者将一筹莫展，创业也就无从谈起。
管理缺口	管理缺口是指创业者并不一定是出色的企业家，不一定具备出色的管理才能。进行创业活动主要有两种形式：一是创业者利用某一新技术进行创业，他可能是技术方面的专业人才，但却不一定具备专业的管理才能，从而形成管理缺口；二是创业者往往有某种“奇思妙想”，可能是新的商业点子，但在战略规划上不具备出色的才能，或不擅长管理具体的事务，从而形成管理缺口。

（二）创业风险的表现

创业风险的表现形式具体涉及创业项目选择、创业技能、创业资金、社会资本、人力资本、市场竞争、团队管理和创业风险意识等多个方面。对农民来说，创业风险的主要表现如下。

表 4　农民创业风险的具体描述

创业风险	具体风险描述
创业意识	意识上的风险来自于无形，却有强大的毁灭力。风险性较大的意识有投机心态、侥幸心理、过分依赖他人、回本心理等。
创业资金	对所有的创业来说，都会面临资金风险。但是基于农民身份的特殊性，其融资渠道比一般的创业者还要窄，融资更加困难，在创业上面临的风险可能会更大。
创业项目	许多农民在创业中具有强烈的模仿能力，看到别人成功急于跟进，容易造成市场趋同，竞争激烈结果一定会碰得头破血流。要让创业之路走得远，必须考虑创业核心竞争力。这在创业之初可能不是最重要的问题，但要谋求长远的发展，就是最不可忽视的问题。没有核心竞争力的企业终究会被淘汰出局，造成核心竞争力缺乏的风险。

（续表）

创业风险	具体风险描述
创业技能	许多新生代农民工不愿意打工，实际上也没有积累一定的创业经验，就开始开店、承包这个那个，觉得做生意风光。结果当宏伟理想变为实际操作时，才发现自己根本不具备解决问题的能力，这样的创业无异于纸上谈兵。
创业管理	一些农民创业者虽然技术出类拔萃，但理财、营销、沟通、管理方面的能力普遍不足。其中包括任人唯亲、不按规章办事、习惯用土办法。企业创建、市场开拓、产品推介等工作都需要调动社会资源，农民的社会资源同质性太强，意味着提供的社会资本趋同。这对于需要多方面社会资本的创业农民来说是不够的，在某些方面格外显得贫乏。团队分歧风险在创业合伙人中较为常见。虽然俗话说“打架亲兄弟，上阵父子兵”，但也要注意“亲兄弟，明算账”。
创业政策	在创业中，对创业相关政策的了解，可以避免少走弯路，甚至可以获得创业优势，因此，对相关创业政策的了解非常重要。
创业法律	在创业过程中，公司成立、雇员劳动合同签订、纠纷处理方式都需要法律，对法律专业知识的掌握，有利于创业的顺利进行。

小结

人人都有老板梦，但他人的成功能否复制，是一个值得思考的问题。必须要树立创业风险意识：风险与收益并存。在创业前阶段，创业者应做好创业计划及前期工作，包括筹集资金与创建企业；在创业初阶段，创业者需要确认企业的市场定位，为确保新企业存活而进行适当的调整；在早期成长阶段，创业者必须应对市场、资金与资源使用方面的变化；在晚期成长阶段，创业者应构建专业管理体系，以提高企业的活动效果与效率。基于农民自身的特殊情况，其在创业中所遇到的风险相比其他类型的创业者有其特殊性。本章就创业意识进行了论述，下面的章节就关于农民创业中遇到的风险和具体的化解建议进行梳理。

Chapter 2
第二章

钱从哪里来

大部分创业农民虽然积累了一定的资金，但是无论是新创企业，还是进行农产品的深加工或规模养殖，存在前期投资大、资金回收期限长等特点。在资金来源方面，农民工创业项目受制于收入水平，需要更多地利用外部资源，在抵御风险和对抗危机方面，他们创业的第一大难题就是资金短缺。

根据调查和以往的研究表明，农民创业中所遇到的第一大困难就是创业资金匮乏。“钱从哪里来”是继农民树立创业意图后遇到的第一个问题，也是最主要的问题，这一问题甚至始终困扰着创业农民。可以说，农民在创业不同阶段都可能会遇到资金困难的问题。基于此，本章对农民创业过程中的资金风险和应对策略进行梳理，希望能帮助农民在创业中做到资金链不断。

一、何时需要钱

农民创业所面临的一系列问题，除农村基础设施不完善、农民思想观念陈旧、文化水平低、创业项目选择面狭小外，最重要的是资金短缺。有学者从河南、安徽、河北、湖北、山西等人口输出大省选择农民工创业从事的主要行业，有针对性地展开问卷调查，结果得出：资金缺乏、缺少管理经验、风险承担能力差三个方面为主要制约因素，其中 82.68% 的受访者选择了“资金缺乏”。信息不对称、条件不具备、环境不支持、服务不到位四个方面是导致农民工创业融资难的直接原因。此外，金融机构出于赢利绩效考虑多采用选择性供给，对于缺乏足够的抵押资产、信用体系不健全的农民工创业者，采取风险规避的态度，进而形成金融排斥的局面，对农民工融资意愿产生极强的抑制效果。金融排斥包括地理排斥、条件排斥、评估排斥、价格排斥、营销排斥、自我排斥。上述的金融排斥的分项之间不存在完全独立性，彼此相互关联，共同影响融资意愿。金融制约在农村金融的供求双方之间形成了恶性循环，导致农村金融成为我国金融体系中最薄弱的环节，农民工返乡创业的融资环境不容乐观。

大部分创业农民虽然积累了一定的资金，但是无论是新创企业，还是进行农产品的深加工或规模养殖，都是不够的，他们创业的第一大难题就是资金短缺。农民创业者很难从银行等金融机构贷到足额的资金，而且农民创业者难以利用风险投资基金、保单质押贷款、信用卡透支服务等现代融资手段获得长期的融资需求。资金一直是困扰农民创业者的核心问题，也是每个创业组织最关注的问题，资金状况制约创业企业的发展，决定它们的存亡。具体表现在如下几个方面。

（一）创业启动资金困难

创业初所面临的资金困难还好解决。有的用之前的积累投入创业，有的是在家人支持下凑够了积累的资金，有的直接就是通过各种借款完成了前期投资。对那些前期通过借款解决资金问题的农民创业者来说，其面临的风险最大。在资金来源方面，农民工创业项目受制于收入水平，需要更多地利用外部资源，在抵御风险和对抗财务危机方面，农民工创业项目更为脆弱。这些不确定因素增加了其启动资金的困难，也就是说“第一桶金”很难获得。

（二）后续投资资金困难

有的创业者在创业之初已经倾其所有，后续资金就没有了着落，若不继续投入资金，之前的投入将要打水漂；若继续投入资金，这对个人的资金雄厚程度是一个极大的考验。很多人被逼无奈，只得通过地下钱庄获得贷款，这就增加了资金使用的成本和风险。在东拼西凑勉强筹集了启动资金后，流动资金也不宽裕，经营过程中一旦出现意外，就会出现资金周转脱节而被迫中途放弃，导致创业失败的概率极大。

（三）流动资金困难

有的创业过程中创业者本身是有资金的，但是也会面临资金困难的问题。如货物不能变现、债务人不及时归还欠款，甚至三角债等都会影响创业过程中流动性资金的使用和作用，极易导致很好的商业机会因资金不到位而失之交臂。

（四）不可抗力导致的资金短缺

不可抗力因素如自然灾害等会影响整个创业盈利的预期和资金回笼。如 2017 年夏天江西省局部地区发生的洪涝灾害，许多农户种植的经济作物损失惨重，不仅影响了收成，还导致前期的投资打了水漂。对农业来说，抗击自然风险的能力较弱，一些不可抗力的因素很难预料，容易导致创业失败。不仅会导致这次创业失败，而且对之后的再创业也会起到阻碍作用，对后期创业造成重重困难。

（五）营利性弱导致资金短缺

农民创业项目更多依托于农民工有限的职业技能，主要集中在劳动密集型产业和低附加值产业。养殖业、餐饮业、加工业和旅游业四大产业占到农民工创业项目的 60% 以上。因此，受制于有限的职业技能，农民工创业项目同质性现象较为严重，可能导致同质服务、产品的恶性竞争，影响营利性。营利性弱又为后期的资金困难埋下了伏笔。

二、农民创业资金筹措困难的原因

造成农民创业资金筹措困难的原因是什么呢？可归纳为如下几个方面。

（一）银行贷款有难度

随着金融部门监管力度的加大，风险防范意识的增强，现在对贷款发放要求很严，除小额农贷外，一般很难发放信用贷款，要想从银行获得贷款，必须满足银行实行抵押担保的条件，但能达到信贷条件的农民很少。根本原因是农民住房无房产证，土地不能作为抵押，而农民除了土地、住宅外，基本没有其他财产可作为抵押，致使贷款困难。

（二）金融支持面窄

早期农民创业性质主要是个体经营，大多数农民在创业初期，人数只有两个，以家庭为单位夫妻搭档创业的居多。很少有合作或是利用其他渠道的资金进行创业的。从初次投入资金规模来看，非常多的农民对创业项目的投资金额不会太高。其原因主要是农民群体属于收入较低群体，缺乏资金积累，而其父辈多在农村务农，创业初始资金难以依靠代际转移实现，土地等不动产不能充分进行市场交易，也限制了财产性收入的融资担保功能。这样，我们所看到的一个现实就是农民创业项目往往初始资金规模较小，资金的主要来源是自身存款、银行贷款以及民间借贷。

（三）金融机构软硬件配套服务不够健全

我国农村金融供给概括而言分为正式金融供给和非正式金融供给，包括银行信贷资金供给、证券市场资本供给和财政资金供给三种形式。商业性金融的营利性特征非常明显，特别是受市场逐利和收益最大化目标原则的影响，大部分商业性金融机构都会将市场业务重心放到城市，农村的金融机构较少，导致农民的融资需求不能得到满足。同时，政策性金融机构的逐利性虽然没有商业性金融机构强烈，但是其金融产品的供给是依据政策而定的，没有太高的营利性，政策性金融机构的自由度也就减少了。商业性金融机构和政策性金融机构的现状都从不同侧面导致了正规金融部门对农村金融资金供给的严重短缺。

（四）非正规金融模式在农村蔓延却缺乏合法性依据

由于农民创业存在经验不足、抵押品不足和农村信用体系不健全等问题，使得创业的预期收益存在不确定性，尤其是还贷渠道的不确定性，势必影响农民创业的成功率。对农民来说，正规银行贷款手续繁复，门槛高，使得一些不符合条件的农民走上借高利贷这条路。20年前，贷款对农民来说还是一件非常不光彩的事情，俗话说“无债一身轻”。后来随着市场经济的不断发展，农民开始接受贷款这种新事物。但是由于农村信贷体系的不健全，一些农民贷款到期还不上，担保人也跟着受牵连，在农村还发生过担保人替贷款人还债的事情。整个金融体系在农村还不健全，加上个别不能还款事件，导致农村的金融市场大有“劣币驱逐良币”之势。恰逢此时，一些农民勤劳致富，手里有些闲钱，农村的民间借贷市场一时成风。但是，民间借贷主要的契约信任还是对人的信任，受法律保护程度较低，用老百姓的话说“你图多，他图没”。因为民间借贷往往导致一些社会矛盾，而成为影响农村的不稳定因素。

（五）农民缺乏创业金融知识

农民创业发展面临的融资困境受多方面条件的制约，其中也包含自身原因。虽然农民创业积极性普遍较高，但拥有创业技术、具备创业头脑、创业思路清晰的农民很少，创业农民自身融资发展的条件不够。首先，大多数农民不具备基本的金融知识，导致这种现象的原因在于这些农民日常生活中很少和金融机构进行接触，他们中很少有人了解金融机构的运作方式、融资方式与融资手段等，对小额贷款政策的了解更是寥寥无几。其次，向金融机构申请贷款需要提供一定的抵押物和担保物，且对房产面积有一定的要求，这种条件对于大多数的返乡农民工来讲是很难达到的。第三，对于农民来讲，房地产担保抵押登记费用不少，对他们的生活发展也是一种负担。第四，现阶段农民创业缺乏必备的信用记录档案，不具有档案信息的基本查询和维护意识。下面专门讲讲政策性贷款所需的条件和创业农民应具备的应对能力。

三、如何申请政策性贷款

农民创业启动资金主要是有限的自有积累资金，租用场地、购买设备和原材料等一次性投入需要较大资金。随着企业规模的扩大，自有资金就显得杯水车薪，融资困难始终是制约农民创业实体发展的重要因素。

目前，越来越多的人不愿外出打工，在家也能创业。随着农业的发展，农业成为投资的“新兴行业”，越来越受到人们的追捧。农村出身的人在自己家门口就能创业。创业就要有资金，现在国家出台了一些相关政策，很多项目都可以贷款，虽然创业担保贷款对农民创业给予了大力支持，但依然存在借贷门槛高、周期长、手续复杂等问题。特别是普惠金融政策调整后，中央及省财政贴息比例大幅下降，地方财政贴息幅度加大，一定程度影响了各级创业担保贷款工作开展，个人贷款利率在基准利率的基础上上浮一个百分点，影响了经办银行贷款的积极性；新增加商业贷款条件的限制，符合创业担保贷款条件的人员数量将大幅降低；对劳动密集型小企业贷款采取贴息不担保、担保不贴息的方式，各担保机构和经办银行都会考虑到贷款的风险，增加了劳动密集型小企业享受创业担保贴息贷款的难度。

创业普遍面临融资难问题——开始创业的时候难以贷款，创业成功了，银行反倒给提供资金。因而，家庭积蓄仍是农民工返乡创业的资金来源主渠道，农民工返乡创业的初次资金投入一般是以家庭自有资金为主。但随着事业的扩大，贷款是必然的。下面我们就一起来了解一下农民贷款创业可以通过哪几种方式向银行贷款？最多能贷多少？

表5　农民贷款指南[1]

贷款种类	权限	条件
土地贷款	拥有土地或流转他人土地者拥有土地经营权，都可到银行贷款，根据土地规模、使用年限、产出效益计算得出贷款资金在几十万元到几千万元之间。	申请贷款人需向贷款银行提供五方面的资料： 规范有效的土地承包合同； 地上（含地下）附着物情况说明资料； 申请人身份证原件及复印件； 土地承包经营权人同意抵押的意见书； 贷款银行要求的其他材料。

[1] 农民贷款创业，哪几种方式可以向银行贷款？最多能贷多少？农村致富经（www.ncZfj.com），2017-06-29。

（续表）

贷款种类	权限	条件
农房贷款	农户可以利用宅基地和农房进行抵押贷款。贷款额度经过对农房的区位、成本等因素综合估值而定，一般在几万元至几十万元之间不等。2017 年此项权利已在天津、山西、内蒙古、辽宁、安徽、河南、山东、广东、陕西等省市县的 59 个地区作试点运行，不久也会在全国逐渐推展开来。	
林权抵押贷款	林农和林业生产经营者可以用承包经营的商品林作抵押，从银行贷款用于林业生产经营的需要，贷款金额在 30 万元以下的林权抵押贷款项目，免收评估费。林权抵押贷款的前提是要取得林权证，贷款金额少则几万元，多则几千万元。	具体申报材料主要如下： 权利人提交新版“林权证”； 权利人提交申请（内容包括个人基本情况、林权情况、贷款额、金融资信证明等）； 乡镇林业站在书面抵押申请上签署初审意见； 县林业规划调查设计队现场评估，制作评估报告； 提供金融部门的贷款协议。

其他抵押贷款还包括农产品存货、畜禽活体、林权、草场权、养殖水面、农业设施、农业机械、惠农补贴抵押贷款等，都在试行。未来不仅家畜活体可以贷款，农业大棚、农用机械、水产养殖的养殖水面，甚至惠农补贴等都可以用作抵押贷款，大大降低了农户的资金压力。这些政策目前虽然只是在个别地区试点，但随着国家农业金融改革的深入，不久之后就会在全国铺开。

另外，还有银行无抵押贷款，其程序大概如下：

第一步：提供相关材料

表 6　农民贷款所需的相关材料

身份及营业场所证明：
贷款申请人必须具备合法有效的身份证明和在贷款行所在地合法居住的证明，以及固定的住所或营业场所。固定住所的证明可以是房产证（父母名字的房产证也可），营业场所的证明应该持有工商行政管理机关核发的营业执照及相关行业的经营许可证，说明正在从事正常的生产经营活动。

↓

资金证明：
贷款申请人的投资项目要求已经有一定的自有资金。这是银行衡量是否借贷的一个重要条件，因为创业贷款金额要求一般最高不超过贷款人正常生产经营活动所需流动资金，以及购置（安装或修理）小型设备及特许连锁经营所需资金总额的 70%。

↓

结算账户：
贷款申请人必须在所贷款银行开立结算账户，营业收入要经过银行结算。而且贷款用途符合国家有关法律和本行信贷政策规定，不允许用于股本权益性等其他投机性投资项目。

↓

身份及营业场所证明：
贷款申请人必须具备合法有效的身份证明和在贷款行所在地合法居住的证明，以及固定的住所或营业场所。固定住所的证明可以是房产证（父母名字的房产证也可），营业场所的证明应该持有工商行政管理机关核发的营业执照及相关行业的经营许可证，说明正在从事正常的生产经营活动。

第二步：获得推荐程序

表 7　农民贷款获得推荐程序表

申请程序准备材料		
身份证明、婚姻状况证明、个人或家庭收入及财产状况等还款能力证明文件；贷款用途中的相关协议、合同。	担保材料，涉及抵押品或质押品的权属凭证和清单，银行认可的评估部门出具的抵押物估价报告。	要有抵押物，抵押方式较多，可以是动产、不动产抵押，定期存单质押、有价证券质押，以及流通性较强的动产质押等。

↓

填写申请
申请人持开业计划书（或贷款项目书）向贷款担保推荐机构或开业专家提出论证要求，经论证通过者可申领“开业贷款申请书”。

↓

申请程序准备材料	
推荐机构组织开业指导专家或有关人员对申请项目论证后，对符合开业贷款要求的，在“开业贷款申请书”的推荐意见栏签署推荐意见	对不符合要求的，应对申请人提出咨询意见，退回申请人所提供的有关材料。

↓

身份确认

第三步：获得银行贷款程序

表 8　农民获得贷款程序表

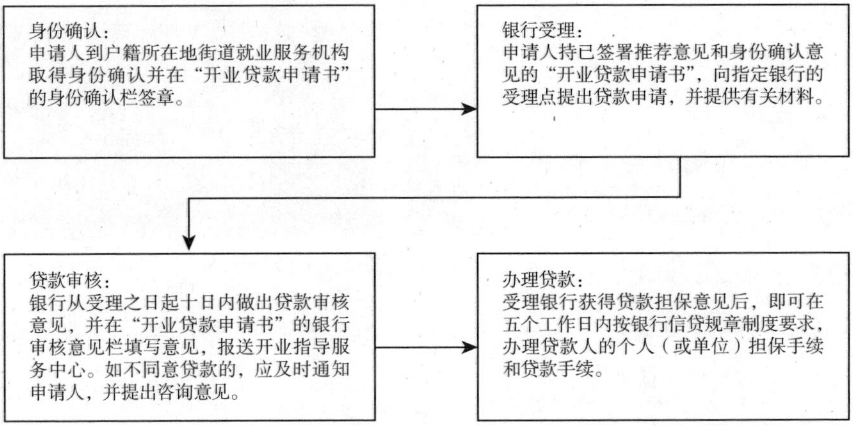

农民创业初期对资金的需求量都相对较大，当前农民创业资金的主要来源有三个方面：一是在外务工期间的收入所得（累积资金的主要形式，但往往无法满足创业所需）；二是向信用社和银行等金融机构寻求间接融资；三是基于血缘、地缘、业缘的民间社会关系借款，即非正规金融渠道。下节就讲一下典型的非正规金融渠道——高利贷。

四、高利贷的风险

在融资渠道的选择上，农民越是贫困，利用信贷增加其收入的动机就越强。因为通过金融机构获取资金的成本相对较低，农民借款意愿也较强。但当无法满足时，社会关系型融资就会成为银行为代表的正规金融渠道的重要补充。这两种渠道获取资金的便利程度共同影响农民创业意愿。在发展中国家，农村金融市场中正规金融机构信贷和民间社会关系信贷两种方式并存的局面更为普遍。这与当地农村金融市场不够完善有关，也是发展中国家农村典型二元信贷市场的主要特征。国内学者根据我国农村金融的基本国情，建议构建以“商业性、政策性和合作性”为特征的三位一体金融体系，并将松散民间借贷作为补充积极引导，共同服务于农村金融，通过完善金融机构在农村金融系统中的布设，提高融资便利度，降低融资成本，激励农民创业。

图5　电线杆上贴的贷款广告

许多农民创业都是依靠自己累积或家庭资助，有的甚至从高利贷借钱。在此非常有必要强调通过高利贷融资是非常危险的。图5是电线杆上贴的贷款信息，看上去非常具有诱惑性，但这种诱惑极有可能就是陷阱，让贷款人深陷其中不能自拔。

打工者借高利贷创业压力大　偷单位3万次日被抓

石某是一家快餐店的外卖送货员工，他经常想“给别人打工，不如自己做老板”。于是，他一边干着外卖，一边谋划着与朋友合开一家快餐店，自己当老板。但是启动资金从哪儿来呢？自己工作没几年，手头没多少闲钱，不过已经和朋友谈好了开店，箭在弦上，不得不发，心急当老板的石某借了高利贷，资金很快到账。然而，生意并没有他想的那么好做，还不了款，无奈之下，他又向其他高利贷公司借钱，来偿还之前的高利贷，到最后还贷压力越来越大。石某偷了原来快餐店的钱，结果被抓。[1]

[1] 王华崇、尹晓静：打工者借高利贷创业压力大，偷单位3万次日被抓，凤凰网 http://finance.ifeng.com/a/20160616/14494221_0.shtml，2016-06-16。

用高利贷还高利贷，无异于“饮鸩止渴”。对创业农民来说，这条高压线千万别碰。有了足够的资金再考虑创业也不迟。当然，通过正规途径贷款是比较稳妥的选择。如何避免农民创业融资难，各级政府部门都在解决难题，不断创新金融服务方式。在此，给大家梳理一下各地的金融创新政策，希望创业的农民能够掌握更多的实用贷款信息。

五、农地抵押的全国试点政策

如今农民的创业环境有了新的变化。在国家“大众创业、万众创新”的号召下，返乡农民工的创业行为得到了重视，获得了政策上的支持。2015 年 6 月，国务院办公厅印发了《关于支持农民工等人员返乡创业的意见》，提出鼓励输出地资源嫁接输入地市场带动返乡创业，鼓励农民工等人员发挥既熟悉输出地又熟悉输入地的优势，借助互联网等信息技术进行创业，通过对家乡传统手工业产品、绿色农产品等本地特色产品的挖掘、商业化、品牌化等实现输出地资源和输入地市场的嫁接。由于政策的扶持，返乡农民工创业将目光投放到了农村，农村的融资渠道相较于过去变得更加畅通。

中国人民银行发布的《中国农村金融服务报告（2016）》指出，截至 2016 年末，232 个农地抵押贷款试点县贷款余额 140 亿元。59 个农房抵押贷款试点县贷款余额 126 亿元。金融机构针对农业适度规模经营、水利、新型城镇化、绿色生态等重点领域探索开发大型农机具、预期收益权、林权等抵押贷款业务和供应链融资服务。保险机构开发推出几百个地方特色优势农产品保险产品，已有 31 个省（市）启动或制订了价格保险试点方案，试点品种达到 50 多个。[1]

[1] 央行报告：2016 年末 232 个农地抵押贷款试点县贷款余额 140 亿元，中国网财经，2017-08-24。

1. 山东省聊城市莘县农村承包土地的经营权抵押贷款

山东省聊城市莘县是传统农业大县，农业人口88.36万人，承包农地面积120.69万亩，先后被评为“全省现代农业示范区”“国家级出口食品农产品质量安全示范区”。2015年，莘县被确定为农村承包土地的经营权抵押贷款试点县。

目前，莘县农地抵押贷款业务已经实现三个“全覆盖”，即土地经营权确权和颁证“全覆盖”、参与机构“全覆盖”、地域范围“全覆盖”。

莘县农地抵押各项制度不断完善，形成了“政府主导、央行参谋、部门联动、社会参与”的联动机制。建立起县级农村综合产权交易中心，并增加土地经营权抵押登记功能，全面满足了农民土地抵押登记的需要。

2015年7月，郝某利用自己的9亩“农地”经营权作抵押，从莘县农商行获得贷款6万元，对两个拱棚进行改造。种植的有机韭菜供不应求，特别是春节前后，每斤韭菜卖到了7元，仅用半年就将贷款还清了。2016年他看准形势，以“农地”作抵押，加上自家农房、大型农机具等“一揽子”抵押，从莘县农商行获得贷款15万元，准备利用原来的5亩蔬菜大棚和4亩耕地，建成3个高标准大棚，发展高科技立体种植。

据介绍，切合不同群体的农户融资需求，莘县农商行、青隆村镇银行莘县支行陆续推出“地抵贷”“金土地惠民贷”等贷款新品种，10万元以内小额贷款采取全家人签字加农地经营权抵押担保即可轻松办理，贷款利率较同档次保证利率优惠20%。

不少农户表示，有了农地抵押贷款业务，合作社承租土地有了动力，农户流转土地也有了稳定收益，实现了双方共赢。

“年纪大了，无法自己耕田，孩子都在外打工，把家里的5亩地流转给合作社，除了租金还有分红。”农户张某说。

“农地”抵押贷款业务的开展，推动了莘县土地流转的加快，进一步盘活了农地资源，农村各类经营主体不断发展壮大。截至2017年5月末，全县农业经营主体1677个，全县瓜菜播种面积达98万亩，食用菌栽培面积600万平方米；新建改建瓜菜菌生产基地23处，新建标准化养殖小区13处。[1]

2. 海南省文昌市农地和农房抵押贷款

文昌市作为海南全省唯一承担农地和农房抵押贷款两项试点任务的市县。自开展试点工作以来，全市已发放农村"两权"抵押贷款9068.3万元，有效地盘活了农村存量资产，增加"三农"融资以及提高农村土地资源使用效率，促进"三农"发展。

文城镇燎原村村民欧某是文昌市农村"两权"抵押贷款的农户之一。2017年8月，他以350平方米的农村宅基地使用权及建筑面积近742平方米的农民住房作为抵押，向文昌农商银行贷款50万元用于经营超市。在这笔贷款的支持下，他的生意日渐红火起来。

农村"两权"抵押贷款，不仅有效地解决了"三农"融资问题，同时，也为文昌市的企业解决了资金周转问题。

海南勤富食品有限公司是一家集水产养殖、生产加工、内外贸易为一体的国家农业产业化重点龙头企业。2015年、2016年公司连续两年大幅度增加出口订单，急需补充流动资金，但公司不能提供足值担保物。文昌农商银行灵活地办理了土地经营承包权与公司股权等抵押物的组合担保，为海南勤富食品有限公司发放三年期低息的"支农再贷款"共计6000万元，及时地帮助海南勤富食品有限公司解决了资金紧张的问题，公司发展也越来越顺利。

据介绍，为进一步推进农村"两权"抵押贷款工作，文昌市建立

[1] 农地抵押活"三农"：山东莘县"农地"抵押贷款试点工作侧记，金融时报－中国金融新闻，2017-07-04。

健全了"两权"试点工作机制，及时制定了农村"两权"抵押贷款配套管理制度，通过部门联动，克服试点工作面临的确权、评估和流转等瓶颈问题，加大宣传发动，"两权"抵押贷款工作有序推进，取得了阶段性成效。从 2016 年 7 月至 2017 年 9 月，全市已发放"两权"贷款 27 笔，金额 9068.3 万元。其中农地贷款 13 笔，金额 8739.3 万元；农房贷款 14 笔，金额 329 万元。

此外，文昌市还设立了文昌市农村产权交易服务中心，在市政务服务中心开设服务窗口，加载农村产权抵押登记、产权流转交易、农村产权抵押统计等功能，为推进农村"两权"抵押贷款创造了良好条件。[1]

3. 广东省农地抵押贷款

农地抵押贷款旨在深化农村产权制度改革，完善金融服务体系，创新金融服务方式，拓宽融资渠道，满足新型城镇化的金融服务需求，进而促进农业增效、农民增收和农村发展。农地确权是在农业厅、农业局、县政府、镇政府和村集体共同合作下实现的。

2012 年广东省政府出台《广东省建设珠三角金融改革创新综合试验区总体方案》，在有条件的县试点农村宅基地使用权和土地承包经营权抵押。此后蕉岭、德庆、阳山和佛冈等县市开展农地抵押贷款试点，目前部分县市已经走完最后一道工序，农户与银行签订了贷款协议，获得了生产资金，并投入农业生产。截至 2017 年 8 月，开展农地抵押贷款的县市正在或者已经完成了土地确权工作，部分县市建立了农地交易市场，成立了农会或者农村合作组织，正在建立和完善农户征信系统。农地抵押贷款的试点工作取得了阶段性成果。

（1）农地抵押贷款中政府发挥了重要作用

---

[1] 符婧、王先伟、韩彩虹：海南省文昌市农地和农房抵押贷款，人民网－海南频道，2017-10-27。

这一特征不是广东特有的。在全国范围内，农地抵押贷款制度的推进，都是以政府为主导推进的。要让农地实现抵押，确权是基础。由于农地被分割承包经营，政府要对每块地进行确权，如果农户有三亩地，分散在四个不同地方，该农户将有四块土地确权证，因此农地确权的工作量大。

（2）农地抵押贷款制约因素依然存在

尽管政府不遗余力地推进农地抵押贷款试点，但是农地流转、农地规模化和金融机构如何分散风险等方面问题依然突出。通过对阳山和德庆的调研发现，主要存在以下问题：第一，农地抵押贷款的土地规模问题；第二，农地抵押贷款的额度问题；第三，金融机构如何处置农地经营权问题。

（3）政府工作的重心是构建起一个有效的农地交易市场

有效的市场与有为的政府相结合才能发挥出比较优势和竞争力。农地经营权交易市场在短期内难以实现，关键问题是存在制度障碍。从长远看，政府工作的重心是构建起一个有效的农地交易市场。全省要实现农地抵押贷款的预期效果，政府要从以下三方面开展工作：

第一，从农地经营权规模化入手，政府不仅要建立土地流转平台，更要确定土地经营权交易市场的交易物属性。重点是农户手中的农地经营权确权证书如何在市场上进行交易，政府需要进行土地经营权期限的设计，也就是把农地经营权由有限期限转变为永久性的。

第二，从农地经营权价格入手，政府不仅要从地租角度定价，更要从失地的心理成本和社会成本角度定价。

第三，从分散风险角度，政府不仅是建立违约风险基金，更要成为最后担保人，收购土地经营权。也就是说，如果出现违约情况，在土地经营权无法实现转让时，政府承诺从金融机构手中回收农地经营权，把集体土地所有权转变为国有土地。[1]

4. 河南省遂平县农地经营权抵押贷款试点

遂平县是驻马店市下辖的一个农业小县，作为全国农村“两权”抵押贷款试点县之一，2016年以来，创新性推出“土地经营权＋价值评估和抵押贷款”模式，解决了新型农村经营主体贷款担保难、资金投入大但价值无法体现等难题，并取得了积极成效。截至2017年6月末，共发放土地经营权抵押贷款10385万元，在全省名列前茅。下面看看《金融时报》对河南省遂平县试点工作的报道。

河南省遂平县积极推动农地经营权抵押贷款试点工作

2016年，河南省遂平县阳丰乡红印种植专业合作社负责人龚某以流转的“土地经营权＋土地投入资金”作为抵押，被遂平县价值评估小组评估价值达860万元后，已先后两次从村镇银行贷款50万元和20万元，及时解决了其临时性资金不足的难题，保证了2017年春节期间香椿的及时上市。

土地经营权价值较低是不争的事实。以遂平县为例，在经历了玉米价格迅速下跌后，在遂平县流转1亩地，每年种植粮食作物的纯收益不足500元，这么低的纯收益，就是再加上已提前交纳的土地租金，可抵押贷款的额度也是很小的，很难满足新型农业经营主体的生产需求；而对银行来说，用租来的土地经营权作抵押，流转关系不稳定，风险也很大。

2016年8月，遂平县创新推出了“土地经营权＋价值评估和抵押贷款”新模式。这一模式以流转的土地经营权为载体，以土地纯收益为基础，加上已交纳的以后年度土地租金以及农业基础设施、生产用

[1] 农地抵押贷款试点中政府的作用，土地资源网，2017-10-08。

房等，甚至加上下游稳定的可转让产品订单等，一并评估和抵押登记。这种评估，新型经营主体对土地的投入价值得到了体现，抵押贷款额度基本满足了新型农业经营主体的资金需求。

遂平农商银行和遂平恒生村镇银行是第一批开办“土地经营权+”的银行。经过探索，2016年8月，“土地经营权+价值评估和抵押贷款”模式得以确定后，抵押物由虚变实，大量资金投入增加了新型农业经营主体对流转土地的感情，稳定了土地流转关系，降低了农业生产风险，也为新型农业经营主体带来了超过一般种植户的收入和利润，同时也降低了借贷风险。遂平农商银行和遂平恒生村镇银行迅速抓住这一试点机会，在全县率先推出了“土地经营权+”抵押贷款业务。

要想做好土地经营权抵押贷款试点工作，科学有力的保障是能否持续发展的关键。为此，遂平县政府专门设立了1000万元的风险补偿基金，印发了《遂平县农村承包土地经营权抵押贷款融资风险补偿资金管理暂行办法》，对投放土地经营权抵押贷款产生的不良债权，按损失额的20%给予政府补偿，指定原来为中小企业开展担保业务的政府性担保公司，拓展业务种类，可为“土地经营权+”抵押贷款提供政府担保。政府还鼓励民间机构积极投入贷款担保中，经农业部门推荐，一家实力较强的农民专业合作社与农商银行签订了担保合作协议，该合作社首笔存入银行300万元，协商放大5倍倍率，无偿为其他合作社提供贷款担保。

在“土地经营权+”抵押贷款焕发生机的同时，当地人民银行系统对其赋予了更广泛的社会价值。这一结合点就是“三个融合”。“土地经营权+”抵押贷款融合了三项金融政策，将金融支持新型农业经营主体工作提高到一个新的高度。

融合支农惠贷通，有效降低农业融资成本。支农惠贷通是地方性法人金融机构利用人民银行给予的支农再贷款向“三农”精准投放的低利率贷款。在开展“土地经营权+”抵押贷款试点中，当地人行系统最大限度地申请和利用支农惠贷通，支持法人金融机构投放“土地经营权+”抵押贷款，有效降低了涉农企业的融资成本。

融合金融扶贫工作精准对接贫困人口。遂平县政府要求在试点目标下，要有意识地选择贫困村作为示范村和重点投放村，利用向流转大户投放试点抵押贷款带动优势，以低息扶持、贴息扶持试点贷款大户，吸收贫困人口就地就业，或签订合同收购贫困户生产的农产品，帮助贫困户精准脱贫。

融合农村信用体系建设实现普惠价值。把信用培植和信用评分运用体现到经营权抵押贷款业务中，贷款额度的授权和利息的高低将充分结合个人信用评分，通过新型经营主体的融资方案设计，通过政府担保、贴息等方式，强化了对农村新型经营主体的信用培育。[1]

5. 甘肃省农村土地经营权抵押贷款

“政府推起来、银行动起来、土地活起来、农民富起来”。继6年前开创妇女小额担保贷款“凉州模式”之后，2016年，甘肃省武威市凉州区农村土地经营权抵押贷款试点工作再次受到社会关注。半年时间，武威市为4958户农户和19家法人经济组织发放农村土地经营权抵押贷款5.35亿元，占甘肃省农地抵押贷款的80%，位居全国232个试点县前列。下面是《金融时报》对甘肃凉州农村土地经营权抵押贷款新做法的报道。

凉州区是甘肃省市州人口最多的县区，农村人口72.89万人。2015年12月，凉州区被确定为全国、全省农村承包土地经营权抵押贷款试点县之一。一年多来，凉州区盘活了农村土地资源，推动农村土地经营权有序流转，加速金融投入与农业生产的良性循环，实现了

[1] 河南省遂平县积极推动农地经营权抵押贷款试点工作，金融时报，2017-08-11。

在全省率先开办、快速推进、总量第一的良好局面。

“农地抵押贷款”试点在凉州区是一项全新工作，在推动中面临诸多困难。试点之初，土地确权进度缓慢、价值评估不完善、风险防控机制欠缺等问题，摆在凉州区“两权”抵押贷款试点工作领导小组面前。对此，试点工作领导小组立足当地经济金融发展实际，反复调查论证，多方沟通协调，逐个破解难题，确保了试点工作顺利推进。

（1）开辟贷款“绿色通道”

农村土地的确权颁证，是农地抵押贷款试点顺利推进的前提。凉州区农地确权颁证工作虽然走在全省前列，但仍处在合同签订阶段，距离颁证还有一段时间。怎么办？

试点工作领导小组大胆决定：在新一轮农村承包土地的经营权证颁发前，先行先试，暂用二轮土地承包经营权证。试点期间，只要农民承诺、产权部门见证后即可办理抵押贷款。

消息传开后，凉州区到各乡镇农牧局办理登记的农户达到 8579 户，申请贷款金额 10.97 亿元。2016 年 6 月 14 日，凉州区第一笔农地抵押贷款 162 万元成功发放，标志着全国“两权”抵押贷款试点已在凉州大地落地开花，也实现了甘肃省首笔农地抵押贷款发放。

（2）建立风险补偿机制

经自愿报名、试点工作领导小组审核，凉州区确定了兰州银行武威分行等 7 家金融机构为农地抵押贷款主办银行。各家主办银行分别制定了各自的农地抵押贷款业务实施细则。然而，由于农村土地流转平台尚未健全，一旦农地抵押贷款形成不良，抵押农地的处置成为主办银行忧心的一大问题。

为了打消银行顾虑，凉州区政府坚持正向激励措施，设立“凉州区农村产权抵押贷款风险补偿基金”，由区财政按照农林部门提供的当年预计抵押贷款计划总额的 0.5% 列入预算，2016 年预提补偿基金 500

万元。处置抵押物所得不足以偿还贷款本息、债权无法完全实现的，由区农村产权抵押贷款风险补偿基金按不超过差额部分债权30%的比例代偿。同时，对地方法人金融机构，由当地人民银行根据农地抵押贷款增量提供等额的再贷款支持。法律有保障，风险有补偿，资金有着落，彻底解决了银行的后顾之忧。

（3）创新增信方式

与东部发达地区相比，凉州区土地“不值钱”，年亩均土地流转费用不超过500元。按照土地流转价格抵押贷款额度较低，无法满足一些专业大户的资金需求。以“农地承包经营权抵押加自然人联保”“农地承包经营权抵押加其他产权组合担保”等方式，通过联合抵押、联保增信的方式，有效破解了土地承包经营权抵押额度较小的问题，从而更好地解决了农户贷款难题。通过联合抵押、联保增信等方式，凉州区农地抵押贷款主办银行受理了全区13个乡镇2768户2.87亿元的贷款申请，发放农地贷款1.73亿元，平均每户增加授信5万元，实际授信在50%以上。

（4）减轻农民负担

农地抵押贷款受到广大农民和农村经济组织的欢迎，利率低也是其中一个重要原因。为了解决融资贵问题，该行向武威农商银行提供了两亿元支农再贷款，利率仅为4.35%。凉州区政府对流转土地经营权的评估、抵押登记全部免费，减少了贷款中介成本。

凉州区农地抵押贷款业务的推进，拓宽了农民融资渠道，推动了农村经营体系创新，加快了当地脱贫攻坚进程。农地抵押贷款业务的成功开办，拓宽了农民融资渠道，有效盘活了农村土地资源，让农村承包土地经营权这个“沉睡资产”变成了“活资本”，为农业农村经济的健康发展注入了新活力。[1]

6. 陕西省“两权”抵押贷款

2015年12月，国务院开展了“农地”抵押贷款试点工作和“农房”抵押贷款试点工作，陕西省共获批8个“农地”抵押贷款试点地区和2个“农房”抵押贷款试点地区。

从整体情况来看，目前，陕西省“两权”抵押贷款试点工作实现了“三个全覆盖”，即实施方案等制度全覆盖、风险补偿基金建设全覆盖、农村交易平台建设全覆盖。其中，试点地区风险补偿基金规模合计8200万元，交易平台成交金额合计1.37亿元。8个“农地”试点地区中，6个试点地区完成了土地承包经营权确权工作，4个试点地区基本完成了颁证工作。截至2017年一季度末，全省试点地区共有农业银行、邮政银行、长安银行、农信社（农商行）、村镇银行等20家金融机构开展了抵押贷款业务。政府主导促进了“两权”抵押贷款的顺利进行，下面看看《陕西日报》对此的报道。

陕西省“两权”抵押贷款试点进展顺利

陕西省自2015年启动农村承包土地经营权（“农地”）和农民住房财产权（“农房”）抵押贷款试点以来，全省所有试点地区目前均有序开展了抵押贷款业务。其中试点地区“农地”抵押贷款余额2.58亿元，2016年至2017年一季度末累计发放2.3亿元贷款；“农房”抵押贷款余额1.27亿元，2016年至2017年一季度末累计发放0.8亿元贷款。

杨陵区是陕西省“农地”抵押贷款试点地区之一，目前，确权率、颁证率均达到了100%；交易平台建设和风险补偿机制建设也走在全省

[1] 刘音妤：让农地生金：武威市凉州区“农地抵押贷款”试点新实践，金融时报－中国金融新闻网，2017-07-04。

前列。截至 2017 年一季度末，“农地”抵押贷款余额 5930 万元，居全省第一位。平利县是陕西省“农地”和“农房”抵押贷款双试点地区，工作基础较好，业务体量较大，抵押贷款业务实现了辖区金融机构全覆盖。截至 2017 年一季度末，“农地”抵押贷款余额 5465 万元，居全省第三位；“农房”抵押贷款余额 1.23 亿元。[1]

7. 安徽启动“两权”抵押贷款

安徽省的农村土地流转改革一直走在全国前列。随着农业经营方式不断改变，土地流转的步伐也在明显加快。2017 年，安徽举行了农村承包土地的经营权和农民住房财产权抵押贷款（以下简称“两权”）试点工作推进会。此次推进会意味着安徽将全面启动“两权”抵押贷款。据其要求，“两权”抵押贷款全部试点工作截至 2017 年底完成，这也意味着长期困扰着农村土地流转的资金难题也将得到化解。

农地市场价值百万亿　安徽启动“两权”抵押贷款试点

截至 2016 年底，我国土地流转面积达 4.3 亿亩。而公开数据显示，可流转农村土地市场价值在 100 万亿元，其中耕地的价值大概在 40 万亿元，宅基地也是 40 万亿元，林地是 20 万亿元。

农村土地“两权”市场巨大，通过金融部门解决“两权”抵押贷款难题，并将其中存在的评估地价、存在的风险化解之后，充分挖掘出农村“两权”的价值，进一步加速农村土地流转步伐，也是我国经济发展的一个巨大红利。

众所周知，农村资产的融资难融资贵、农村资金外流是目前制约农村经济社会发展的难题之一。

[1] 程伟、郑栋、张胜荣：陕西省“两权”抵押贷款试点进展顺利，陕西日报，2017-06-08。

为此，2017 年 3 月 26 日，中国人民银行联合银监会等四个部门联合印发了《农村承包土地的经营权抵押贷款试点暂行办法》和《农民住房财产权抵押贷款试点暂行办法》，分别从贷款对象、贷款管理、风险补偿、配套支持措施、试点监测评估等方面，对金融机构、试点地区和相关部门推进落实“两权”抵押贷款试点明确了政策要求。

可拓宽农村融资渠道。“两权”抵押贷款试点是农村金融制度的重要创新，有利于盘活农村存量资产，拓宽农村融资渠道，促进金融资源向农村集聚；有利于促进农村土地资源优化配置，推动农业规模经营，从根本上提高农业生产效率，形成农村经济和农村金融良性互动发展的重要结合点。

2017 年，安徽省的宿州市埇桥区、金寨县、铜陵县、庐江县、阜阳市颍泉区、黄山市黄山区、定远县、涡阳县、宿松县、凤台县和宣城市宣州区已成功获批“两权”试点。

“两权”抵押贷款试点，要坚决守住“土地公有制性质不改变、耕地红线不突破、农民利益不受损”的底线。安徽力争在两年时间内，探索出符合当地农业基础和产业特点、适合农业经营主体融资需求、能有效防控金融风险的“两权”抵押贷款运作模式。

不过，随着农村“两权”抵押贷款的推进，土地如何评估、贷款之后存在的风险等，使得金融机构对农村土地抵押贷款处以谨慎的态度，也在另一个层面阻碍了农村土地流转的速度。[1]

8. 河北：农地抵押贷款的“邱县实践”

农村土地承包经营权抵押贷款是解决农民融资贷款缺乏有效抵押物、破解农民贷款难题，激活农村沉睡资本，加快推进“三农”

---

[1] 查道坤：农地市场价值百万亿　安徽启动“两权”抵押贷款试点，每日经济新闻，2016-04-11。

发展的重要手段。河北邱县作为全省第一批试点县，积极推进土地承包经营权抵押贷款业务，取得了一定成效。

截至2016年12月末，河北邱县已完成农村土地确权登记面积44.81万亩、确权颁证土地面积5.76万亩，流转面积14.32万亩，土地流转率30%，累计发放土地经营权证7200本，实现抵押涉及土地面积5.76万亩，初步实现了“固产变动产、资源变资产、资产变资本”的农村产权制度改革目标。下面介绍一下农地抵押贷款的“邱县实践”。

农地抵押贷款的“邱县实践”

——河北邱县农村土地承包经营权抵押贷款调查

河北邱县农村土地经营权抵押贷款的主要模式：一是农户抵押贷款；二是家庭农场（种植大户）抵押贷款；三是农民专业合作社和企业法人抵押贷款。

截至2016年底，邱县已有邯郸银行邱县支行和邱县农村信用联社两家金融机构开办此项业务。累计发放贷款9笔，金额2150万元。其中农业公司450万元，农民专业合作社1600万元，农户100万元。

（1）完善政策，强化制度保障。为顺利推进试点工作，邱县县委、县政府自2013年起先后出台了《关于组建邱县农交所和邱县农监会的实施意见》等文件，相继建立了确权颁证、纠纷仲裁、产权交易、市场监管等平台，使农村产权制度改革实现了系统化推进。

（2）完善组织，建立健全服务体系。2014年2月21日，成立了邱县新纪元农村产权服务有限公司，成为河北省首批农村产权交易所。同时，设立了邱县农村产权交易监督管理委员会，由县委、县政府主管领导分别担任主任、副主任，负责农村产权交易市场的监督管理。还先后成立了农村产权制度改革工作指挥部和“三农服务中心”，在7个乡镇成立土地流转服务中心，在218个村建立了土地流转服务站。

（3）探索路径，促进规模流转。一是以确权颁证为抓手，赋予农民“五项财产权”。重点推进了农村“五权”确权，即集体土地所有权、土地承包经营权、集体建设用地使用权、宅基地使用权及房屋所有权、集体财产收益分配权。二是以拓展权能为核心，实现产权资本化“三步走”。积极拓展农村产权的占有、使用、收益、流转、处置、抵押、担保等权能，对农村产权进行确权颁证，赋予交易产权，使其具有抵押产权，最终实现农村产权资本化，破解农业项目资金短缺问题。三是加大政府扶持力度，推动农村土地流转工作顺利开展。邱县政府整合县国土、房管、水务、农牧、林业、农经等涉及农村产权管理的职能部门，按照“统一受理、分职履责、集中管理”的运作方式，提供“一站式”服务。县财政每年对农交所投入20万元的扶持资金作为办公经费，实现对农户和企业“服务零收费”，同时出台了《邱县农村产权抵押贷款财政贴息办法》，对符合条件的贷款实行50%财政贴息政策。[1]

9. 江苏宿迁唤醒农村“沉睡”资产的措施

近年来宿迁市深化农村金融改革创新，探索开展农村土地经营权抵押贷款工作。2015年12月，该市泗洪县成功获批为国家级“两权”抵押贷款试点县，成为江苏省唯一同时入选农村承包土地经营权和农民住房财产权抵押贷款试点地区的县，政策上的突破为当地农户发展特色农业开辟了新的道路。下面看看江苏宿迁市是如何唤醒农村“沉睡”资产的。

江苏宿迁创新农地抵押贷款，唤醒农村“沉睡”资产

人民银行宿迁支行紧紧抓住试点地区的政策契机，指导辖内金融

[1] 高玉军：农地抵押贷款的“邱县实践”——河北邱县农村土地承包经营权抵押贷款调查，金融时报－中国金融新闻网，2017-03-09。

机构结合地方“三农”发展实际，因地制宜，积极探索，推出土地经营权＋担保人、土地经营权＋担保公司、土地经营权＋地方风险补偿基金等农地抵押贷款模式，有力地支持了辖内农业“三化”进程和农村经济发展。截至2016年9月末，该市农村承包土地经营权抵押贷款业务开办机构达到12家，贷款余额17463万元，其中今年累计发放394笔，金额为15933万元。

（1）“土地经营权＋担保（个人或企业）”模式

银行在办理农村土地承包经营权抵押的同时，积极引入第三方担保人（个人或企业）或附加其他担保方式，提高借款人资信级别，分担信贷风险。该市泗阳农商行引入自然人或者农业龙头企业对农村土地承包经营权抵押贷款人提供担保，提高借款人贷款额度，降低潜在信贷风险。泗阳县聚福果蔬种植家庭农场通过引入担保人的方式成功地将贷款额度提高到30万元，而原先他的400亩土地经营信贷额度只有20万元。截至2016年9月末，该行土地经营权＋担保贷款余额2240万元，其中今年以来累计发放11笔1790万元。

（2）“土地经营权＋专业担保公司”模式

江苏汇隆农业投资公司是一家专业从事农业产业化促进等相关股权投资、融资担保、资产托管、实业投资等业务的机构。为解决农地抵押贷款出现风险时面临的土地托管处置难题，泗洪县引入汇隆公司为农地抵押贷款进行担保。贷款发生风险的，汇隆农业投资公司可发挥其股东单位信息、人才、管理等优势，对土地进行临时托管并组织耕种，确保土地不撂荒，最大限度实现土地抵押权价值。目前，汇隆公司已经累计担保贷款5笔，金额465万元。

（3）“土地经营权＋地方风险补偿基金”模式

该市泗洪县完善风险分担和补偿机制建设，县财政设立1000万元的农地抵押贷款风险补偿基金，对农地抵押贷款的净损失部分给予

40%的补偿（担保机构因代偿承担的损失参照执行）。同时引导银行机构发放农村承包土地经营权抵押贷款利率在本行同档次农业贷款利率基础上下浮10%左右，对银行机构投放农村土地经营权抵押贷款年利率低于6%的，由县财政补贴银行机构2%的利息，充分调动银行机构、农户等参与积极性。截至2016年9月末，全市农地抵押贷款加权平均贷款利率7.75%，按全年平均贷款余额1.7亿元计算，预计全年可节约农民利息支出约350万元。

（4）“土地经营权+担保公司+省级财政资金”模式

2014年，农业银行江苏省分行推出“金农贷”产品，并与江苏省财政、省农委签订了《金农贷风险补偿基金合作协议》，建立了2500万元财政风险补偿基金，农业银行江苏省分行按放大20倍规模投放贷款。2015年，农行泗洪县支行将农村承包土地经营权抵押贷款作为“金农贷”子产品开展业务，以政府提供的财政风险补偿基金为担保，同时追加土地经营权抵押或者第三方担保公司担保，向符合条件的家庭农场等新型农业经营主体发放贷款，以此降低信贷风险。截至2016年9月末，该行农村承包土地经营权抵押相关的“金农贷”贷款余额1895万元。

农村承包土地的经营权抵押贷款面对的客户群体主要为从事种植、养殖、农产品加工的家庭农场和专业大户。通过对他们的支持，有助于家庭农场等新型农业经营主体扩大生产经营规模，促进农民增收致富和农村经济发展。初步估计，全市570万亩家庭承包土地可撬动农村地区抵押贷款40亿元以上，有效盘活农村“沉睡”资源，增加农业生产中长期和规模化经营的资金投入。截至2016年9月末，全市农村居民人均可支配收入10599元，增长9.2%，快于全省增速0.7个百分点；当年培育家庭农场461个，经营土地面积17.9万亩、水面1.9万亩，有效提升了区域农业规模化，集约化经营水平。[1]

多地加速试点农地抵押贷款，风险补偿金规模待扩大。抵押收回的农地能否顺利流转，风险补偿基金是否够用，“失地”农民是否能得到生活保障是下一步农地抵押贷款发展的关键。十八届三中全会后，山西、四川等多地开始加速农村土地抵押类贷款试点。农地抵押相关贷款有效解决了农民融资难题。从各地试点来看，农地抵押类贷款的风险总体较小，想要创业的农民要根据当地情况判断具体的担保事宜。[2]

六、警惕非法集资陷阱

有些农民，手里有些闲钱，或者创业中的赢利部分，存在银行利息低，想投资一些理财产品。能够理财，让钱生钱是无可厚非的，但是主要是在踏入金融这些不熟悉的领域时，对非法集资要有所了解，避免掉进非法集资的陷阱。什么是非法集资？非法集资是指单位或个人未按照法定程序经有关部门批准，以发行股票、债券、彩票、投资基金、证券或其他债券凭证的方式向社会公众进行筹集资金，并承诺在一定期限内以货币、事物及其他方式向出资人还本付息或给予回报的行为。

在这里要注意的是，非法集资的形式很多，有股票、债券、彩票、投资及资金、证券或其他债券凭证等。有的人以为只要是股票、债券等就是合法的，这样的想法是错误的，因为，没有经过法定程序

[1] 王峰、丁伟、孙常林、冯国民：江苏宿迁创新农地抵押贷款，唤醒农村“沉睡”资产，金融时报，2016-11-03。

[2] 袁军宝、赵梦卓：多地加速试点农地抵押贷款　风险补偿金规模待扩大，瞭望，2014-02-23。

经国家相关部门批准的，都是得不到法律保护的，应该牢记这一点。非法集资的一些典型手段，主要有以下几种。

（一）非法集资典型手段

1. 假冒民营银行的名义，谎称已经获得或者正在申办民营银行的牌照，虚构民营银行的名义发售原始股或吸收存款。

2. 非金融性担保企业以开展担保业务为名非法集资。主要有两种形式：一是发售虚假的理财产品；二是虚构借款方，以提供借款担保名义非法吸收资金。

3. 打着境外投资、高新科技开发旗号，假冒或者虚构国际公司设立网站，并在网上发布销售境外基金、原始股、境外上市、开发高新技术等信息，虚构股权上市增值前景或者许诺高额预售回报，诱骗群众向指定的个人账户汇入资金，然后关闭网站，携款逃匿。

4. 以“养老”的旗号非法集资。

5. 对物业、地产等资产进行等份分割，通过出售其份额的处置权进行高息集资。最新的变化是：通过出售其份额并承诺售后返租、售后回购、定期返利等方式进行非法集资。

6. 利用民间组织形式进行非法集资。最近的变化是：利用地下钱庄进行集资活动。

7. 以签订商品经销等经济合同的形式进行非法集资。常见的有：以商品销售与返租、回购与转让、发展会员、商家加盟与“快速积分法”等方式进行非法集资。

8. 利用果园或庄园开发的形式进行非法集资。例如，借种植、养殖、项目开发、庄园开发、生态环保投资等名义非法集资。

9. 利用现代电子网络技术构造的“虚拟”产品，如“电子商铺”“电子百货”投资委托经营、到期回购等方式进行非法集资。

10. 利用互联网设立投资基金的形式进行非法集资。

11. 利用“电子黄金投资”形式进行非法集资。

（二）非法集资特点

1. 以高额回报为诱饵。如钱宝网以完成任务获取高额收益为诱饵，收取用户“保证金”，并采用吸收新用户资金兑付老用户本金及收益的方式，其运行模式具有庞氏骗局的特征，一旦蔓延，将对金融体系乃至社会稳定产生巨大冲击，严重影响实体经济发展。

2. 非法集资方式变化多样。犯罪分子大多通过注册合法的公司或企业，打着响应国家产业政策、支持新农村建设等旗号，由传统的种植、养殖向工程项目、科技开发、投资入股、消费返利等方式转化。

3. 多种犯罪行为相互交织。犯罪分子将非法集资与传销、合同诈骗等经济违法犯罪行为相互交织在一起，采用传销手段首先对集资人员进行洗脑，许诺种种优惠条件和获利模式，然后再引诱集资，层层下套。一般在集资初期，犯罪分子往往积极“兑现”回报承诺，骗取信任，吸引更多的人踊跃加入，集资规模迅速呈几何级扩大。

4. 非法集资宣传不惜血本，利用媒体造势。如聘请明星代言，在一些媒体上刊登专访文章，利用报道宣传不法企业的“业绩”；将部分非法集资款投入公益事业或进行捐赠；雇佣业务员窜入社区散发传单，传播集资信息；举办各种活动，并在现场兑现红利，让参与人员先尝到甜头，为非法集资活动宣传“现身说法”。

（三）非法集资的新花样

1. 承诺高额回报。对那些编造“天上掉馅饼”“一夜成富翁”的神话要有抵制诱惑的意识。众所周知，暴利引诱，是所有诈骗犯罪分子欺骗群众的不二法门。不法分子为吸引更多的群众，往往许诺投资者以奖励、积分返利等形式给予高额回报。为了骗取更多的人参与集资，非法集资者开始是按时足额兑现先期投入者的本息，然后是拆东墙补西墙，用后集资人的钱兑现先前的本息，等达到一定规模后，便秘密转移资金，携款潜逃。

2. 编造虚假项目或订立陷阱合同，一步步将群众骗入泥潭。不法分子以种植仙人掌、螺旋藻、芦荟、火龙果、冬虫夏草，养殖蚂蚁、黑豚鼠、梅花鹿、家禽再回收等名义，骗取群众资金；有的以开发所谓高新技术产品为名吸收公众存款；有的编造植树造林、集资建房等虚假项目，骗取群众“投资入股”；有的以商铺返租等方式，承诺高额固定收益，吸收公众存款。

3. 混淆投资理财概念，让群众在眼花缭乱的新名词前失去判断。不法分子有的利用电子黄金、投资基金、网络炒汇等新的名词迷惑群众，假称为新投资工具或金融产品；有的利用专卖、代理、加盟连锁、消费增值返利、电子商务等新的经营方式，欺骗群众投资。

4. 装点门面，用合法的外衣或名人效应骗取他人的信任。为给犯罪活动披上合法外衣，不法分子往往成立公司，办理完备的工商执照、税务登记等手续，以掩盖其非法目的，而无实际经营或投资项目。这些公司采取在豪华写字楼租赁办公地点、聘请名人做广告等方式加大宣传，鼓吹造势，骗取他人信任。

5. 利用网络，通过虚拟空间实施犯罪、逃避打击。不法分子租用境外服务器设立网站或将网站设在异地，发展人头一般用代号或网名。有的还通过网站、博客、论坛等网络平台和 QQ、MSN 等即时通信工具，传播虚假信息，诱骗他人上当。一旦被查，便以下线不按规则操作等为名，迅速关闭网站，携款潜逃。在潜逃前还发布所谓通告，要下线人员记住自己的业绩，承诺日后重新返利，借此来稳住受骗者。

6. 利用精神、人身强制或亲情诱骗，不断扩大受害群体。许多非法集资参与者都是在亲戚、朋友的低风险、高回报劝说下参与的。犯罪分子往往利用亲戚、朋友、同乡等关系，以高额利息诱惑，非法获取资金。有些传销人员在传销组织的精神洗脑或人身强制下，为了完成或增加自己的业绩，不惜利用亲情、地缘关系拉拢亲朋、同学或邻居加入，有的连自己的父母、配偶和子女都不放过，造成亲情反目、家破人亡，导致人间悲剧。

非法集资的形式多样，隐蔽性和欺骗性越来越强，如何识别和防范非法集资？有关部门建议：①要认清非法集资的本质和危害，提高识别能力，自觉抵制各种诱惑。坚信“天上不会掉馅饼”，对“高额回报”“快速致富”的投资项目进行冷静分析，避免上当受骗。②要结合非法集资的基本特征，主要看主体资格是否合法，以及其从事的集资活动是否获得相关的批准和是否承诺回报等。③要增强理性投资意识。高投资往往伴随着高风险，不规范的经济活动更是蕴藏着巨大风险。④要增强参与非法集资风险自担意识。认真识别，谨慎投资。

小结

本章用很大篇幅对农村“两权”抵押担保现象进行了说明，并梳理了各个试点省市的做法。对创业农民来说，可以参考本地区的抵押实施情况，积极地运用政策红利，减轻创业压力。另外，创业农民可以通过现在的“两权”抵押试点工作的进展情况，对创业融资问题做出理性的预期估计。同时，在融资创业时，必须要警惕市场上出现的五花八门的陷阱，这些在融资领域都被称为“非法集资”。非法集资是一种违法行为，不受法律保护，因此，在投资时一定要擦亮双眼，避免掉进陷阱。

Chapter 3
第三章

有了票子、换了脑子，还得找对路子

大多数人虽创业方向各异、喜忧不同，但走向成功的路径却总有相似之处。一些迅速成长起来的返乡创业者无不感慨，要成为家乡父老共同致富的“领头雁”，仅是挣了票子、换了脑子远远不够，更要摸对路子。

创业农民中中青年较多，文化程度较高；劳务输出时间较长，较为精通经营管理，业务技术娴熟；具有敏锐的市场洞察力；具有锐意进取的竞争意识和风险意识；具有勤劳勇敢、自强不息的精神。农民创业中找准产业是关键，要有前瞻的眼光，避免进入一些夕阳产业。

一、农民创业要找对路子

农民在创业中，找对了产业，就是找对了路子，产业是找对路子的关键。传统农民创业的形式主要包括以下六种：

1. 扩大原有经营规模。农民工通过土地转包、转让、租赁等多种形式加快土地流转，改变原来散户小规模经营无法形成规模效应的弊端，逐步扩大土地经营规模，使土地大量向种植大户集中，进行传统农业的集约化经营。如承包更多的耕地或山地，或种植水稻、席草等，或种植瓜果蔬菜等；或者在养殖业方面，如养猪、养鸡、养鸭、养鱼、养牛等达到一定规模，往往成批出栏或出售以增加收入。

2. 搞农业开发或农产品加工。农民可以立足本地农业资源，围绕农村产业结构调整，积极引进和应用先进的生产技术，以优质、高产、高效的现代农业为创业的前提和目标，以名、特、优、新产品开发为主线，大力发展特色农业、精致农业，进行产业化经营。同时以丰富的农业资源为依托，通过深度加工延长农业产业链，提高农产品的附加值，依托当地“一乡一业、一村一品”的产业群，结合自身优势，搞农业开发或农产品加工。借助当地优势农业，大力发展种植、养殖和农产品加工业，如稻草加工、席草加工、食品加工、竹子加工等。

3. 创办家庭副业。农民在从事农业生产之外，还可创办家庭副业，如开商店、开餐馆、开修理店、开理发店、办幼儿园、跑运输等，也可从事刺绣、编织等手工业。这类副业较适合农村妇女从事，她们结合自己性别的优势，创办家庭副业很可能会成功。

4. 搞特种养殖种植，或改变当地原有的种植养殖结构，引入新的种植品种或养殖品种，瞄准养殖业和经济林果尤其是特种种植（养殖）。例如养奶牛、养三黄鸡、养小龙虾、养羚麝、养兔、养野猪、养蛇、养蜗牛等，或承包荒山荒地种植花卉、蘑菇、席草、烟草、白莲、杨梅、中药材等。同时，也包括通过资本投入，进行新的农产品生产或饲养新的禽畜等。

5. 创办各种规模和各种形式的企业。回乡农民工利用自己在城市和大中型企业工作的经验、技术，抓住规模企业产业链条向前和向后延伸的机遇，主动接受大中型企业的辐射带动，积极发展为大中型企业服务的配件配套企业和加工产业，创办各种规模和各种形式的企业，包括合伙企业、私营企业、有限公司等。

6. 建立专业化的农村经济合作组织，成为农民经纪人，或担任村干部。农民工回乡后利用亦工亦农亦商的特点，积极创建或参加农村经济合作组织或各种专业协会，如花卉合作社、黄鸡产业协会、生猪协会、水产苗种繁育协会、烟草协会等。通过农产品的生产资料购销、传播信息以及开展技术承包，推广新品种新技术、兴建特色种植业等，充当农民经纪人。有的农民工回乡后担任村干部，成为受群众欢迎的“双带干部”（农村带头致富和带动群众致富），成为农村基层干部的后备力量，成为农村新的生产生活方式的推动者和开拓者，成为将贫穷落后的旧农村建设成为社会主义新农村的领路人。

如江西乐安良好的生态为发展毛竹、油茶、花卉苗木和林下经济等绿色产业提供了得天独厚的自然条件。乐安是传统农业大县，外出务工创业能人回乡发展烟叶、蚕桑、蘑菇、大棚蔬菜、铁皮石斛和特色养殖等产业前景广阔。当前，乐安县提出大力发展大数据经济、智慧经济、分享经济和创意经济，发展电商、现代物流、现代服务业和健康养老等新经济产业恰逢其时。返乡创业能人通过创业带动就业，实行“创业 + ×”的模式，帮扶带动广大农民特别是贫困户脱贫致富。

现如今，赚钱难的确是事实，不过，农村作为目前市场上的最大蓝海，可以说是商机无限，如果能够找准时机，把握机会，实现盈利还是十分有可能的。一般情况下，农民的收入来源无外乎四种：种植收入；打工收入；自己做生意当老板的经营收入；土地或房屋出租收益。按照收入的对比来说，自己创业当老板是收入最多的了。可是，有人不禁要问，如果要回农村创业，选择什么项目比较有“钱景”呢？有人对农村创业点子进行了总结，以下与大家分享（见表 9）。如果你能好好把握住时机，在不种地、不外出打工的情况下，依然可以发家致富，过上幸福美满的生活。

表 9　农民创业 16 个小点子

农产品收购	送肥到田	农村电商服务商	农机租赁服务
互联网创业空白市场 DIY	农村幼儿园	农村快递上门服务	特种蔬菜种植
互联网 + 私人个性化订制市场空白	自动售货机购物流程	汽车内饰装修与配件销售	农村特色加工
有机农产品销售	劳务品牌集聚	乡村文化产业	乡村旅游

农民创业，除了在农村寻找商机外，有的在城市里也打出了一片新天地。因此，可以说，农民创业产业的选择，出现了农村和城市两种景象，在创业规模、经营模式等方面呈现出不同的特点，这正体现了农民创业经营的特点。关于农民创业经营的特点，主要表现如表 10 所示。

表 10　农民创业经营中呈现的特点

因素	表现
创业主体	以有文化、有技能、有市场头脑的中青年为主，一般都具有一定的文化素质和技能水平。创业的第一代农民工创业成功率较高，他们具有一定的打工年限，积累了经验，有一定的积蓄。
创业规模	以小型企业为主，同时，又以个体私营企业占绝大多数，其中一部分已成为具有一定规模的中型企业。
经营模式	兼业经营为主，大多从事非农产业。
创办企业地点	一是小城镇模式：主要选址在城镇或近郊，有向小城镇汇集的趋势；二是依托大城市模式：以劳务品牌形成地点聚集；三是农村模式：主要依托农产品加工、销售、服务等。
与农业的关系	一种是与农业关系紧密型的创业：主要从事农业生产的，多数以开发农业为主；一种是与农业关系疏远型的创业，主要从事非农业的，多数以服务业为主。

（续表）

因素	表现
地域分布	一种是农村劳动力流出地，以劳务输出起步早的县市为主；一种是农村劳动力流入地的大城市，以城市聚居地为主。
创业行业	一、二、三产业均有。
投资经营方式	以独资、股份制和自产自销为主。
创业模式	独资式、合资式、外联式。以农业为依托的，创办农业产业化龙头企业。
经营或居住房屋	有自建、购买和租赁三种形式。
农民身份转变	创业农民成为经纪人或创办农民合作经济组织的带头人；担任村干部或参加村民议事会及村民理事会成员。

二、加盟有风险："零风险"还是"零收益"？

在市场上，经常能看到一些加盟信息，这里要说的并不是所有的加盟都存在问题，只是在告诉要创业的农民，警惕加盟中出现的风险。我们通常所见的加盟主要风险如下：

一是加盟费太贵。有的加盟费太贵，主要衡量标准就是加盟所付出的成本与所获得的收益不相等。据调查，一个小的包子店的加盟费就是 2 万元，一个面包店的加盟费为 20 万元左右。加盟费的投入使得创业前期的投资加大，资金回笼期限加长。因此，在考虑加盟时，加盟费的多少是必须要考虑的问题。

二是加盟的品牌价值不高。有的加盟的是非知名品牌，加盟费中所蕴含的品牌效应和市场认知度有限，品牌的价值不高，这样导致之前支付的加盟费所产生的效益较低。

三是加盟店的市场垄断性较弱。有的加盟时零门槛，对加盟不加筛选，导致市场上加盟商较多，不能在特定的时间和空间上形成垄断，导致竞争激烈。这在加盟签订合同时应该注意是否具有“专卖”“特许经营”等规定，保障加盟商的利益。

四是加盟的后期服务期限。有的加盟商刚开始加盟时，厂家或供货商还是比较热心的，但是到后期遇到困难时，在经营中遇到风险时，厂家的咨询和服务跟不上，这样就容易导致加盟风险。因此，在加盟时一定要了解厂家的责任范围和期限。比如，在调查中有这样一个案例：有个农民看到市场上小龙虾的需求很大，就想养殖小龙虾。他到外地厂家考察，看了他们的利润表，就购买了小龙虾虾苗回来养殖，但是养殖的情况并不如意，也没有出现考察时所看到的那样的产值。于是，他向厂家咨询，厂家开始还理他，到后来，也不理他了，他只好自己在网上搜查相关资料，自己摸索经验，但是产量还是上不去。

五是广告中虚假宣传或扩大宣传。在加盟时，还有一点要特别注意的是，加盟广告的真实性。有些加盟广告虚假宣传的成分较多，特别是那些“零风险”“赚钱轻松”的广告宣传。还有一些广告夸大宣传盈利程度、产品质量、销售规模等，容易让投资者头脑发热，一时冲动投资。农民创业者千万要保持清醒，避免上当受骗。下面这个例子就是轻信加盟广告的典型。

轻信电视上的加盟创业广告，农民工被骗去数万元

林某在罗源码头打工，每月只有2000多元的收入。2011年底，他看电视购物频道中有一则加盟广告称，加盟“星之缘”中性笔生产，上面写的是“零风险、高回报”，他就有点心动。林某去武汉，将省吃俭用攒下来的2.28万元交给公司作为加盟费，并与公司签订委托加工

合同。按照合同规定，由“星之缘”公司提供中性笔生产设备，加盟商在90日内完成12万支产量，公司以0.28元/支的价格回收。

但是，当林某回福建后，收到机器发现，“生产设备”是一个零件不全、标识不清的“三无”产品，根本无法生产。林某多次与公司联系，对方均以机器设备没问题、林某操作不当等借口予以搪塞。后来，该公司还威胁林某，如果到时不能完成产量，要根据合同追究其违约责任。

林某向罗源县工商局求助。该局合同科的工作人员认真分析他的合同，又综合网上查询的信息，认为这家公司并无回购中性笔的诚意，涉嫌故意提供不合格设备，令加盟方无法完成合同指标，从而占有加盟款。

2012年2月28日，经过罗源和武汉黄陂区两地工商人员的协调，农民工林某从武汉“星之缘”公司要回1.7万元血汗钱。[1]

现在许多的农民不愿打工，觉得不自由，还不如开个小店、摆个摊自由。另外，有的人看到一起长大的同龄人当了老板，风光无限，不想被同龄人“抛弃”，想做点生意。通过创业致富也是人之常情。就如加盟创业来说，有成功的自然也有失败的，失败的创业往往由很多的因素导致，但是有些是可以避免的。为了让更多的农民可以成功创业，下面以餐饮加盟为例，讲讲投资创业中的风险。

餐饮加盟怎样避开加盟陷阱　降低投资风险

在“大众创业，万众创新”的大环境下，草根创业成为一种普遍现象，但是也要吸取一哄而上、一哄而散的教训。切记勿要有投机与浮躁的心理，若想一夜暴富，那基本上是不可能的。投机和浮躁心理

---

[1] 石芳、陈文茂：轻信电视上的加盟创业广告，农民工被骗去数万元，福州新闻网－福州晚报，2012-02-29。

背后是匠心的缺失，而要做好餐饮仍然是匠心精神以及不忘初心的坚守。当然，其他行业也是一样的。

连锁加盟的初衷是通过技术品牌等具有知识产权型的智力成果与投资者的资本结合，以达到扩大经营规模、占领市场的目的。这种模式的初衷是为了实现共赢。让加盟转让者和加盟者都能充分发挥自身资本的优势。但是，如今演变成商家一味地追逐眼前利益，而不顾投资者后期运营的资本游戏。商家对后期的盈亏不负责任，导致许多加盟商只能自己承担失败的风险。[1]

那么，如何规避加盟过程中出现的风险呢？本书认为，以下几点是值得注意的。

（一）加盟商切记不要坐享其成

对于加盟，有的投资者认为厂家从产品到装修，从品牌管理到员工培训都会为自己搞好，坐享其成，不用动脑子，创业会比较轻松。本书认为，现实往往是残酷的。因为，首要的选择也是最重要的选择是“你为什么选择加盟，为什么选择加盟这一创业模式？”这些都是厂家无法帮你进行选择的，而恰恰是作为投资者应该在充分了解市场信息后才能进行选择的。许多人选择加盟的动因是一味地追求短（投资回报期）、平（越简单越好）、快（见效要快），争当甩手掌柜，只想坐着数钱，他们总是带着非服务业的经营思维。笔者接触过很多投资者，聊得最多的不是如何经营好一家餐饮企业，而是什么产品好做？什么产品简单来钱快？这种浮躁、投机是缺乏对行业的敬畏之心。另外，也可以大胆地断言，能够通过短期培训就

[1] 餐饮加盟怎样避开加盟陷阱　降低投资风险，http://www.sohu.com/a/84581656_393979，2016-06-20。

获得加盟权，或是市场准入资格的话，这样加盟厂家的技术含量也是不高的。没有更高的技术含量,在市场竞争中就会处于弱势。因此，这类加盟创业行为的成功率可想而知。

（二）慧眼识破厂家的陷阱

天下熙熙皆为利来，天下攘攘皆为利往。在加盟时，应该意识到厂家在提供加盟服务的时候,也是为了利益的。有需求必然有市场，特别是当投资者投机心态盛行的时候，在利益驱动下，部分嗅觉灵敏的商家已经围绕着加盟开始布局。对目前市场上五花八门的连锁加盟，应该对其中的风险有所意识和防备。

一是企业与资本对赌。有的厂家或企业为了在约定期限内取得更高收益，转移厂家风险，并把产品和原材料变现，他们对加盟商势必要求不高，只要能够有资本进入，他们就会满足对赌条件，有的降低加盟门槛而盲目地接受投资，对投资者把关不严及迅速扩张带来的管理失控，最终导致加盟店大面积的亏损与倒闭，最终受伤的还是加盟商。

二是何以进行从品牌自营转向品牌输出的转变。处于事业上升阶段的大多数企业是不愿意进行品牌输出的。相反，我们在市面上看到的一些企业从品牌自营转向品牌输出，有很大可能是该企业已经遭遇发展瓶颈，企业利润或许已处于抛物线的下行阶段，因此想通过品牌输出来获得利润，也有可能是获取品牌价值的最后挣扎。可以想象的是，品牌自营本身所包含的就有商业秘密，而商业秘密是企业在市场上立于不败之地的有利法宝，具有专属性、非公开性和价值性。若将这些商业秘密通过加盟向更多的市场经营者扩散，这无疑是加大了自身的竞争弱势。

三是借助加盟外衣的非法集资。在上一章关于非法集资的问题中已经进行了系统的阐述，在此，就加盟方面所涉及的非法集资进行简单论述。表面借助加盟，实际上是非法集资，如投资者只需出钱，不需要参与实际的经营，即可享受利润分红，以20世纪90年代“红高粱”餐饮连锁为代表，神话的背后正是非法集资的资本运作。直到今天，下一个非法集资的高危领域可能就是加盟的众筹模式。因此，加盟时应该注意这些陷阱，避免加盟产品转变成加盟风险。

（三）充分估算加盟的品牌价值

加盟最大的好处是什么？就是借助厂家已经成型的品牌价值。包括品牌的技术含量、在市场上的影响力、受众群体和对消费群体的定位等等。这远远超过了大多数投资者认为的技术或者配方。品牌价值和影响力有可能是你通过经营所无法获取的，这些对创业又十分重要。因此，在加盟时，农民创业者心里应该有所规划，即哪些是你无法通过自身努力获得而通过加盟能够获得的，哪些是你能够通过自身努力获得也可以通过加盟获得的，哪些是你在创业中根本就不需要而成为加盟所提供的主要内容。所以，当你掏出高额的加盟费只是为技术配方买单的时候，应该想想清楚加盟品牌的价值。若是自身无法通过经营获得而加盟厂家恰好能够提供的，这类加盟的风险就比较小；而那些自身通过努力也可以获得的，加盟的意义就不大了；至于那些所谓的加盟实际上只是“搭售”一些可有可无的技术或服务，这类加盟有可能只是转移经营中的风险而已。

（四）产品统一配送中的风险

我们经常听到加盟中“产品统一配送”的承诺或服务。笔者认为，产品统一配送主要有两方面，一是原材料的统一配送，另一个是销售产品的统一配送。原材料的配送主要在餐饮类企业中比较常见；

销售产品的统一配送主要在服装销售等行业。

有一个核心问题是如果由商家统一配送，投资者是否就没有风险呢？其实也不尽然，对于原材料成本，商家不可能差异化定价，比如加盟店在深圳配送的原材料成本是50元/袋，而加盟店在三四线城市虽然原材料成本也是50元/袋,但是物流费用呢？时间周期呢？特别是一些季节性较强的产品，如衣服，时间周期过长，错过了最佳销售期，到后来只能打折销售了。还有就是各个地方的温度、气候条件不尽相同，北方和南方的气候相差太大，对产品的要求也有所不同，这些都需要加盟时考虑该如何应对。另一个风险是原材料由总部统一配送可能会遭遇后期原材料成本涨价而引起的进货矛盾问题，这些都应该在加盟时说清楚。

（五）加盟管理中的风险

交了加盟费，装修了店面，有了产品，开张了，不要以为就万事大吉了。在加盟管理中还需注意一些风险。加盟企业管理中的风险主要有后续产品的创新、出新问题，加盟产品的区域保护问题，以及后期厂家的指导和服务问题。

关于产品创新、出新的问题。以餐饮企业为例，运营好餐饮企业除了定位准确外，还要有持续的营销手段和产品创新。而且加盟时的具有创新的品牌价值怎么能够适应不断变换的市场，厂家在多大程度上能够长期支持产品的创新，这些创新是否需要加盟商提供额外的费用，这些都是非常现实的问题。或许有些商家会定期推出新品，但是加盟店需要重新交学费学习，如果商家不支持到店服务，加盟店要定期派人去学，而往往由于费用、时间问题和商家产品创新能力问题，很多加盟商渐渐失去学习的动力。

关于核心人力资源的问题。有些加盟商，总部或厂家需要定期派厨师长、店长、技术人员或总经理进驻加盟店，进行业务指导和面对面的管理技术传授。这些服务对加盟商是非常需要的，但其实这种服务恰恰大多数商家并不愿意提供，因为他们也没有这么多核心管理来满足众多加盟店的需求，人力资源的局限性捉襟见肘，如果硬要达成协议势必造成不可控的风险。特别是加盟数量越多，发展速度越快，核心管理人力资源就越紧张，在核心人力资源无法满足加盟扩张速度时，只能临时拼凑技术人员，结果导致技术人员良莠不齐，这对加盟店来说，是一场灾难。

关于加盟产品的区域保护问题。创业之所以能够成功，其核心之一就是在特定的区域内形成垄断。只有在特定区域内形成垄断，才能避免市场的激烈竞争甚至恶意竞争。如果厂家或总部没有限制地在特定区域内设定加盟商，那结果就会导致消费者分流，竞争激烈，有的加盟商很快濒临破产。因此，进行有效的区域保护是非常必要的。

加盟前路漫漫，投资者步步惊心。投资者要擦亮双眼，而对于“深水区”的投资，建议借助第三方的力量来规避风险。对转让、加盟、特许经营等经营模式的警惕：不要做“接盘侠”。无论是哪种投资，用心、专注与追求品质仍是投资者应拥有的本位心态。

三、抱团取暖，成就劳务品牌“走出去”

农民创业中形成的劳务品牌，可以增加创业的竞争力。有的农民通过加盟、专卖等方式使用别人的品牌，有的农民则是通过自创，形成劳务品牌。随着数以亿计的农民外出务工，那些以血缘、地缘为纽带形成的新业缘关系，创造了各种劳务品牌。如江西省就有“临川建筑”“进贤医疗器械”“资溪面包”“安义塑钢”“广丰挖掘机”“南康木工”等劳务品牌。这些劳务品牌在市场上被认同度高，有的甚至可以影响市场价格。劳务品牌通过“抱团取暖”闯出了一片天地。下面就一些省份的劳务品牌给大家作介绍。

湖南省“湘”字劳务品牌进一步壮大

截至2015年11月底，湖南省农村劳动力转移就业总规模达1470万人，比2013年增加近90万人，同时，“湘”字号劳务品牌呈现进一步壮大趋势，品牌输出人员占到45%左右。

数据显示，在湖南1470万农民工中，在省外务工的人数为1023万人，此外，省内转移就业人数为450万人，呈逐年上升趋势。湖南省人社厅表示，近两年，湖南省招工难现象越来越普遍，农民工只要愿意，找一份工作基本没有问题。

在提升劳务输出质量上，各地全面推行“培训、就业、维权”三位一体的工作模式，结合实际开展劳务品牌项目培训，企业开展“传帮带”，形成了近300万建筑湘军闯南北，铸造湘军占据“珠三角”铸件市场半壁江山的格局。在“攸县的哥”“湘妹子导游”等十大劳务品牌之后，湖南省又涌现出“新化人打字复印”“渌田挖掘”等一大批新的“湘”字号劳务品牌。渌田镇外出务工农民目前拥有挖掘机1700多台，施工业务涉及广东、江苏、上海等省市，年创收6.3亿元。[1]

大家对“湘”字劳务品牌比较熟悉可能就是“新化人打字复印店”。新化县两个乡的农民基本上都在做打字复印生意。他们亲戚带亲戚，朋友带朋友，有些从技校毕业的当地学生也跟着老板在打字店里工作。有的工作一段时间后，自己就会另起炉灶，开家打印店。湖南

[1] 湖南省“湘”字劳务品牌进一步壮大，http://www.lm.gov.cn/EmploymentServices/content/2015-12/08/content_1031095.htm，2015-12-08。

打印店遍布全国，他们占领了一定的市场份额，通过抱团取暖形成的劳务品牌，已经得到市场的认可。

在一些劳务输出大省，农民经过多年的打拼，形成了在全国有影响的劳务品牌。一些地方政府也鼓励和扶持当地劳务品牌的形成，如广西每年都会评选优秀的劳务品牌，促使当地劳务品牌得到更多人的认可。

广西认定2017年10个“优秀劳务品牌”

广西人力资源和社会保障厅2017年5月11日对外公布“南宁君雄烹调”等10个劳务品牌被认定为广西优秀劳务品牌。这些劳务品牌是从全区范围内选拔而出，既有企事业单位、社会团体，也有个人发起创立的劳务品牌，这些劳务品牌在当地具有示范作用，并享有较高知名度、信誉度和竞争力。

对认定的2017年广西优秀劳务品牌，自治区本级财政将给予每个优秀劳务品牌的培育基地专项补助资金，专项用于培训机构的培训设备购置、开展培训相关课程、聘用指导教师、加强师资培训、基地能力提升等方面的开支。获得自治区专项补助资金的广西优秀劳务品牌培育基地，要接受所在地人社部门的监督和管理，在获得补助后两年内完成培育能力提升建设，具备为从事该广西优秀劳务品牌行业（工种、职业）的劳动者提供“招生培训—输出就业—跟踪管理”一条龙服务的能力，年培训有转移就业愿望的农村劳动力不少于350人。基地要建立详细的学员培训就业台账，对培训合格的学员就业情况进行跟踪了解，提供必要服务。

广西是全国农民工数量较多的省区，据国家统计局广西调查总队对全区14个市62个县（市、区）抽样推算结果显示，2016年广西农民工总量1231万人，其中外出农民工898万人，农民工群体占全区总人口的五分之一、全区劳动力的三分之一。外出务工成为全区农村居民扩大就业、增加收入的重要渠道。近年来，广西人社厅为贯彻落实自治区党委、政府脱贫攻坚战略和促进农民工创业就业工作部署，充分发挥劳务品牌在就业创业工作中的带动和示范效应，为农民工就业创业实现脱贫致富提供更多的载体和条件，于2015年联合自治区财政厅首次开展“广西优秀劳务品牌”评选活动。三年来，全区共认定评选出42个优秀劳务品牌。这些优秀劳务品牌结合地方实际，打造特色劳务，培养了一大批职业素养高、技能精湛的技术能手，有力地促进了全区劳务输出规模化、效益化进程，成为促进农村劳动力转移、增加农民收入的有效手段。

2017年广西优秀劳务品牌名单：

1. 南宁君雄烹调
2. 南宁美业
3. 柳州汽车装调工
4. 桂北全意保育员
5. 岑溪纺织工
6. 蒙山果蔬工
7. 东兴养生护理
8. 博白农业机械化工
9. 百色家姐
10. 来宾宏达建筑工[1]

有些劳务品牌，已经跨越了地域限制，甚至将创业进行到国外。如拉面，有兰州拉面，也有青海拉面。创业者都通过自身的努力创

[1] 张红璐：广西认定2017年10个“优秀劳务品牌”，人民网－广西频道，2017-05-12。

造出一片天地。2018 年全国两会期间，有代表提出要将兰州拉面申报非物质文化遗产。一碗拉面，将美食、文化和经济联系在一起。下面看看《青海日报》对拉面劳务品牌的报道。

特色“劳务品牌” 成为农牧民增收有力抓手

自 20 世纪 90 年代起，20 万来自青海海东的穆斯林群众走出贫困山区，走南闯北，用一碗清真拉面脱贫致富，开创了富有特色的“拉面经济”。作为拉面经济的成功实践者马黑买、贾海武等从最初的个体经营户到拥有连锁品牌的“拉面”产业，他们的创业之路不仅是人才引领产业互促共赢、快速发展的体现，更是吸引乡土人才创新创业的“活教材”。

发展劳务经济、打造劳务品牌，这是近年来青海省贯彻落实国家关于脱贫攻坚的部署要求，拓展劳动力转移就业渠道，促进农牧民增收的重要抓手。“青海拉面”就是特色“劳务品牌”建设中的佼佼者。青海省为充分发挥拉面经济带动就业创业的示范引领作用，2017 年 3 月青海省政府制定出台《关于进一步推动青海拉面经济发展促进就业创业的实施意见》，加速推进“青海拉面”扩面、提档、升级。截至目前，青海人已在全国 280 多个城市开办经营拉面店 3.12 万家，从业人员达到 18.58 万人，经营性收入近 200 亿元，纯利润达 60 多亿元，年实现工资性收入约 55.74 亿元。

海东市在做强拉面经济方面，加快品牌化特色化连锁化经营。按照“特色就是优势，特色就是竞争力，特色就是品牌，特色就是市场”的发展思路，全面加快拉面经济品牌打造和提档升级。同时，大力推广拉面经济“带薪在岗实训 + 创业”新模式。截至 10 月底，海东人在外开办经营的拉面店已达 2.62 万家，从业人员 16.9 万人，拉面经济经营性收入 95 亿元，实现利润 30.7 亿元，从业人员工资性收入 41 亿元。

"拉面经济"产业已发展成为海东市农民群众的"脱贫经济"和"致富经济"。

2017年4月28日，青海省海东市第一家拉面连锁经营旗舰店——海尼尔拉面馆在马来西亚首都吉隆坡开业，标志着海东的拉面连锁经营店正沿着"一带一路"走出国门、走向世界。

海尼尔拉面馆从2017年开店营业开始，店里每天能卖出200多碗拉面，营业额在4600元左右，发展挺稳定的。总的感觉，认可、喜欢拉面的人挺多的。2017年，海尼尔餐厅在马来西亚当地的*Saji*杂志上发表了介绍青海拉面相关内容的文章，这就是为了让更多的人知道、了解"青海拉面"。马来西亚电视台的美食节目还来店里专门录了一期节目，在2017年12月24日播出，这让整个店里的人都感觉到挺自豪的。做好每一碗面，让更多的人知道和喜欢咱拉面……就是这种做好每一碗拉面的匠人精神，让青海拉面走向全国的同时也在走向世界。[1]

借着特色"劳务品牌"，拓宽"外输型"劳务经济，成为农民工创业的主要业态。用江西广丰人的话说，他们的挖掘机停工了，上海市一半的工地都要停工。这些劳务品牌，靠自己的打拼，在市场上占据了半壁江山，在市场竞争中具有了主动权。这是农民工创业成功的典范。如闽东农民经营钢材、广西桂林农村劳动力外出经营桂林米粉……这些地区的农村劳动力外出创业都是以自雇型创业开始的。一个地区特别是广大农村地区的农村劳动力的创业选择水平不仅与外在的创业环境条件有关，同时也受到当地关于创业的社会文化的影响，即一种由创业者行为内生的文化环境的直接影响。在

---

[1] 宋翠茹：特色"劳务品牌" 成为农牧民增收有力抓手，青海日报，2017-12-13。

一些创业文化较为浓厚的农村地区，农村劳动力参与创业的意愿普遍较为强烈，加之周围人的影响，人们对创业机会更能主动积极地把握住，从而创业活动的频率整体也相对较高。

四、学成技术，形成归雁经济走回来

农村文明和文化是影响农村劳动力创业选择的重要因素。一个国家或区域是否具有足够产生创业行为的环境，其生长的“土壤”就是文化,农村劳动力的创业选择是这一“土壤”上培育出来的“果实”，有利于农村劳动力创业的文化越“肥沃”，生长于创业文化中的创业意愿就有可能越强，选择创业的农村劳动力就会越多。

从创业行业选择上看，农村劳动力创业活动与农业生产生活、农村风俗和农村经济活动有很密切的联系。农村劳动力创业所选择的行业大多依赖当地的特色产业、当地饮食习惯和当地的经济活动；从创业资源上看，农村劳动力创业过程中的资源主要来源于农村的亲朋好友，尤其是与地缘、血缘密切相关的各种关系资源。

农村劳动力创业是农村劳动力依托家庭组织（或者亲戚朋友关系形成的松散的非正式组织）或者创建新的组织，通过投入一定的生产资本，依托农村或农村关系，通过扩大现有的生产规模或者从事新的生产活动开展一项新的事业以实现财富增加并谋求发展的过程。以下是《四川日报》对农村劳动力创业的报道：

“打工妹”创办自主品牌

成都市金堂县竹篙镇，曾有“全国打工第一镇”之称。20 世纪 80 年代，这个人均耕地不到一亩的山区小镇，农民收入来源十分匮乏。1987 年起，当地政府便有组织地选送农民到东莞乡镇企业务工。

那一年，竹嵩镇输送50名女工，她们像是这座贫穷小镇的“拓荒者”。第一年春节，便为家人带回了几千元钱的工资收入。这在当地引起极大轰动。王红琼是首批外出务工的女工之一，作为镇上的一代“淘金者”，她让家人离开了土坯房，有了更好的生活环境，但也提前遭遇了“空巢”问题。

2000年起，竹嵩镇正式启动“农民工回引工程”，想吸引一些有条件的农民工返乡创业。王红琼很快便加入到回乡创业大潮中。

从毫无基础到“车间师傅”，在制衣行业摸爬滚打20余年的王红琼决定在老家开一家制衣厂。2007年，她拥有了自己的第一家制衣厂。然而，缺乏客户积累、缺乏市场经验、缺乏流动资金……初期，她的厂子只能接一些成熟企业的代工项目。2008年金融危机，让王红琼吃尽了苦头，幸运的是在政府协调下获得贷款，才勉强渡过难关。此后，王红琼由被动变主动，由“代工”转向发展自主品牌。至今她已经拥有5家制衣工厂，每年产值超千万元，带动当地数百名村民在家门口就业。

从打工到创业，“王红琼”们的故事，不仅仅发生在竹嵩镇。随着近年来，四川支持农民工和农民企业家返乡创业的政策愈加明确，“归雁”经济也在四川开始悄然兴起。[1]

五、入驻农民工返乡创业园区

全国许多地方都建立了返乡创业园区，就农民个人来说，要具体问题具体分析，如果入驻创业园，能给自己的事业带来利润，或者有更多的其他地方所不具备的便利条件，那入驻创业园将是一个

[1] 冉倩婷：“全国打工第一镇”转型之路，四川日报，2015-03-23。

不错的选择。但是，如果入驻创业园区，并没有增加盈利，或者没有明显的优惠政策，或者没有实质性的便利条件，那创业者应该多加考虑,谨慎做选择。下面就是一些地方的农民工返乡创业园的情况，对自己是否入驻，可做参考。

2017年底前南充市建成返乡农民工创业园85个

南充是四川省第一劳务输出大市，常年外出务工人员超过200万人。近年来，随着家乡就业创业政策不断向好，不少外出务工人员纷纷返乡，希望在家乡创业、致富。

2017年，为深入实施“归雁计划”、壮大“归雁经济”，加快推进以“返乡创业园,园区企业流水线、现代农业生产线、电商平台物流线、城镇三产服务线”为主要内容的“一园四线”返乡下乡创业引领工程，积极为返乡农民工搭建创业平台，拓宽就业渠道。

当前，南充市以打造“南充创业，创业南充”城市名片为契机，围绕园区企业流水线、现代农业生产线、电商平台物流线和城镇三产服务线，营造“雁归故里、投资家乡、造福桑梓”的浓厚氛围，激活了返乡创业的内生动力。到2017年底，南充全市将建成返乡农民工创业园85个，引导5万名农民工返乡创业就业。[1]

南充市主要是通过园区企业流水线、现代农业生产线、电商平台物流线、城镇三产服务线等为农民工返乡创业园的建设提供了有利的产业发展条件。而另外一些地方，则是通过政策红利突出农民工创业园的比较优势。具体如下例，安徽省安庆市迎江区的做法。

---

[1] 杨晓江：年底前南充市建成返乡农民工创业园85个，南充日报，2017-11-16。

迎江区返乡农民工创业园建设方案

为贯彻落实中央、省、市政府对返乡农民工就业创业工作的部署要求，鼓励大众创业、万众创新，推动更多农民工返乡创业和就地就近就业，根据市政府《关于建设返乡农民工创业园的通知》（宜政办秘〔2017〕23号）文件精神，结合迎江区实际，特制订本方案。

开展返乡农民工创业园建设的主要依据有：《中华人民共和国就业促进法》、《中共中央、国务院关于2009年促进农业稳定发展农民持续增收的若干意见》、《国务院关于鼓励支持和引导个体私营等非公有制经济发展的若干意见》、《关于切实做好当前就业工作的意见》（皖发〔2009〕7号）、《关于进一步规范全省创业园建设的意见》。具体落实的返乡创业清单如下。

迎江区返乡农民工创业园优惠扶持政策清单

1. 创业园区政策

（1）对各类创业企业或经济实体自进园之日（或返乡农民工创业园挂牌之日）起，3年内按规定免收属于登记类、证照类和管理类等各项行政事业性收费。

（2）对各类创业企业或经济实体自进园之日（或返乡农民工创业园挂牌之日）起，3年内免缴物管费、卫生费等管理性费用，减半缴纳场地费，水电费给予适当减免，减免部分从减半缴纳的场地费中支付。

2. 创业扶持政策

（1）创业担保贷款

贷款对象：建档立卡贫困户、持有人社部门核发的“就业失业登记证”的城镇失业人员、就业困难人员、复员转业退役军人、高校毕业生、刑释解教人员从事个体经营，以及符合规定条件的劳动密集型小企业。

贷款额度：个人最高 10 万元，劳动密集型小企业 300 万元。

贷款期限和贴息：创业担保贷款期限最长为 3 年，个人创业担保贷款第一年给予全额贴息，第二年贴息 2/3，第三年贴息 1/3。小微企业创业担保贷款，按照贷款合同签订日贷款基础利率的 50% 给予贴息。到期确需延期的，可申请不超过 1 年的展期 1 次，对展期和逾期的创业担保贷款，不予贴息。

（2）社会资本孵化基地补贴。社会资本、民营企业或高校投资建设和管理运营的孵化基地，为初次创业的劳动者提供生产经营场地（包括现代农业、工业厂房，商贸店铺，办公楼宇等）或创业服务平台（包括创客空间、创新工场等众创空间），场地租金不超过同类地区、同类型场地平均租金的 80%，物业费用不超过同类地区、同类型场地平均物业费的 70%，且被人力资源社会保障部门认定为创业孵化基地的，可根据在基地孵化 9 个月以上且符合条件的企业户数，3 年孵化期内按照每户每年 3000 元的标准申请孵化基地补贴。

（3）安庆青年创业基地补贴。被市人社局和市财政局评为安庆青年创业基地的，给予每个基地 30 万元补贴（按分 3 年拨付，第一年补贴 15 万元，第二年补贴 10 万元，第三年补贴 5 万元）。

（4）创业扶持补贴。毕业两年内高校毕业生初次创办科技型小型微型企业，且所创企业工商注册登记之日起正常运营 6 个月并缴纳社会保险费的，给予一次性 5000 元补贴。

3. 社保补贴政策

（1）就业困难人员社保补贴

补贴范围：就业困难人员（含建档立卡贫困户）在各类企业（单位）就业的，以及申请灵活就业并参加社会保险的，可以享受一定数额的社会保险补贴。社会保险补贴实行先缴后补的办法。

补贴标准：对各类企业（单位）招用就业困难人员，并与之签订1年以上劳动合同并缴纳社会保险的，按其实际缴纳的职工基本养老保险费、职工基本医疗保险费、职工失业保险费、职工工伤保险费和生育保险费给予补贴，不包括就业困难人员个人应缴纳的职工基本养老保险费、职工基本医疗保险费和失业保险费用，以及企业和个人应缴纳的其他社会保险费用。

对就业困难人员申报灵活就业并以个人身份缴纳社会保险费的，给予一定数额的社会保险补贴，其中：职工基本养老保险补贴标准为每人每月250元（享受城市居民最低生活保障的就业困难人员补贴标准为每人每月300元）、职工基本医疗保险补贴标准为每人每月60元。

（2）新创业失败人员社会保险补贴

初次创业的劳动者，所创企业工商登记注册满1年不满3年且为法定代表人或主要出资人，企业注销后登记失业并以个人身份缴纳社会保险费6个月以上的，经核定后给予一次性补贴，补贴标准为所创企业纳税总额的50%、最高不超过1万元，补贴资金用于个人缴纳的社会保险费。

（3）稳岗补贴

补贴范围：凡在我市参加失业保险、无失业保险欠费并承诺1年内不实施规模性裁员（裁减人员20人以上或者裁减不足20人但占企业职工总数10%以上）的企业。

补贴标准：按照企业上年度单位和职工实际缴纳失业保险费的50%比例确定补贴金额。

4. 培训政策

（1）创业培训

有明确创业意愿和创业培训需求、勇于投身创业实践的城乡各类劳动者，可以到全市定点培训机构申请免费的创业培训，包括创业意识培训、创办企业培训、改善企业培训、创业模拟实训、网络创业培训等。目前全市共有10家创业培训定点机构，市区3家、七县（市）各1家，凡属返乡农民工创业园区的优先安排参加培训。

（2）技能培训

企业新录用人员培训补贴。企业对签订12个月以上劳动合同的新录用人员，在劳动合同签订后6个月内组织岗位技能培训的，须向所在地人社部门提交培训计划，经审核同意后实施。培训结束后，经所在地人社部门审核后，按不低于人均800元的标准给予企业补贴。

企业职工岗位技能提升培训补贴。企业开展在岗职工岗位技能提升培训或委托技工院校、培训机构实施岗位技能提升培训的，须向所在地人社部门提交培训计划，经审核同意后实施。培训结束后，可向企业所在地人力资源社会保障部门申请培训补贴。补贴标准按职工经岗位技能提升培训后取得中级工、高级工、技师、高级技师国家职业资格证书情况，分别给予人均500、1000、2000、3000元补贴。

5. 就业扶持民生工程政策

（1）公益性岗位

补贴范围：开发公益性岗位用于吸纳就业困难人员（含建档立卡贫困户）就业的企业。

补贴标准：在享受社会保险补贴的基础上，分别给予个人岗位补贴和用人单位岗位补贴，按照每人每月300元标准给予就业困难人员岗位补贴；按照每人每月100元标准给予用人单位岗位补贴。补贴期限一般不超过3年，对距法定退休年龄不足5年（含5年）的就业困难人员可延长至退休。

（2）高校毕业生就业见习

补贴范围：经认定为高校毕业生就业见习基地的企业，开发就业见习岗位用于吸纳毕业1年内离校未就业普通高校毕业生，参与3个—12

个月的就业见习实践。

补贴标准：见习期间，见习人员基本生活补助标准每人每月不低于1400元，其中财政按照每人每月800元的标准给予单位见习补贴；对见习期满留用率达到50%以上的单位给予1000元一次性奖励。见习期间，由见习基地为见习人员购买人身意外伤害保险。

6. 高技能人才培养补助

（1）高技能人才培养基地补助。经认定为市高技能人才培养基地的，给予50万元的一次性补助。

（2）技能大师工作室补助。经认定的省、市级技能大师工作室，给予每个技能大师工作室5万元一次性补助。工作成果经评鉴，结果达到标准的给予3万元后续支持。对获批国家级、省级“技能大师工作室”的，除国家、省资助外，分别给予20万元、5万元一次性配套资助。

7. 其他优惠扶持政策

入驻迎江区返乡农民工创业园的各类企业在享受上述优惠政策的同时，在确保不重复享受的前提下，只要条件符合可以同样享受迎江区出台的支持各类企业发展的其他优惠政策。

除了优惠政策外，若是能够实现产业发展与政策优惠相结合，才能更好地让农民创业成功，具体看广西防城港市港口区的例子。

港口区农民工创业园实现创业就业双赢

目前，港口区农民工创业园中的农民工创业孵化基地、农民工实训基地、农民工电子商务平台等一批就业创业项目运行良好，已有300多户企业提交入园创业申请，接收成功创业孵化企业30户，带动农民工就业近400人。

港口区农民工创业园位于企沙镇北港安置区，共有临街商铺80间。其中，孵化商铺30间，创业商铺30间，电商平台商铺10间，实训基地培训教室10间。自2015年8月被确定为广西全区农民工创业园建设试点县以来，港口区积极探索创新，首创了农民工创业孵化基地、农民工实训基地、农民工电子商务平台等创新载体，把当地群众引领到“大众创业，万众创新”的实践中来，不断增强农民工的自我造血能力，打造出了独具特色的农民工创业园建设模式。

该区采取市场化运作的模式，引入了创业孵化企业，对创业孵化基地进行管理，对每一个入园创业的创业者由孵化基地安排专业创业指导师进行一对一的创业指导。同时，创业者还可以享受创业孵化水电补贴和申请由政府贴息的农民工创业担保贷款，孵化期满的创业者可以优先在创业园创业商铺中另行选择商铺进行创业，在有效降低创业者创业风险的同时，也形成了良性的循环。从2016年9月至今，该区共为创业者发放创业贴息贷款487万元。

同时，按照“优势互补，资源共享，群众受益”的工作思路，该区引入定点培训机构，联合在创业园内打造了“理论＋实操”的农民实训基地。培训机构依托产业和就业需求，开设船舶驾驶和维修、钳工焊工、家政服务、保健按摩等培训课程，有针对性地为当地群众提供实用技能培训，全面提升群众的能力和素质。实训基地创建以来，共组织9期职业技能培训班，培训群众约550人，直接或间接输送近300名当地失地失海农民到各大企业就业。

此外，为了让本地名特优产品能搭上互联网快车“走出去”，带动群众运用互联网思维创业致富，该区投入500多万元在创业园内建设农民工电商平台。目前，该平台已经完成了招投标，中标企业正在开展前期的市场调查工作，预计今年年底建成并服务当地群众。[1]

---

[1] 朱新华：港口区农民工创业园实现创业就业双赢，防城港市新闻网－防城港日报，2017-09-25。

但是，应该看到，入驻农民工创业园也有风险，具体看下面的报道。

川17个返乡农民工创业园调查：产业低端、抗风险能力差

有媒体对四川省17个返乡农民工创业（孵化）园运营情况逐一梳理，发现，园区普遍存在产业低端、抗风险能力差、创业成本高、园区建管思路滞后等问题。

竞争力不强。峨眉山市五通桥区就业局局长黄利全介绍，当地2家返乡农民工创业（孵化）园中的11名创业者主要从事洗车、食品销售等行业，“还都是靠体力的多，凭技术和资本创业的少”。

企业抗风险能力差。由于返乡农民工启动资金少，且多集中于竞争激烈的行业，企业盈利空间普遍不高，抵抗风险能力相对较差。泸州市当地2家返乡农民工创业园目前已入驻企业有30多家，投入资本超过100万元的只有3家，多为零部件初加工、服装生产和服务业等利润有限的行业，“很多创业者都反映资金不足”。

创业成本高。由于大部分园区地处城市周边，地价偏高。相较于较为完善的大学生创业政策和资金扶持体系，农民工创业融资、用地等优惠措施并不明显。

规划滞后。不少创业园区仍采用工业园区的建管模式，跟不上农民工创业的需求和经济大环境变化。宜宾县就业局副局长徐君介绍，当地曾筹划成立专门的农民工创业园，但由于规划、产业布局等前瞻性不足，目前已经鼓励企业转型并分类迁往附近的宜北工业园和农业产业园。

此外，部分园区存在着基础设施不健全、招工难、企业管理不规范等问题。曾参与邛崃、金堂返乡农民工创业（孵化）园职工技能培训的龙泉驿区职业介绍服务中心副主任余芳介绍，不少返乡创业园区交通、

水电配套亟待完善；技术工种缺失；企业管理机制难言健全等。[1]

江西省乐安县打造了2.8万平方米的创业孵化园，目前有13家企业入驻，政府象征性地收取每平方米1元的租金；2016年，为解决企业贷款难题，乐安县通过中小企业担保中心发放担保贷款2.6亿元，70%企业得到真金白银的支持。正是有了好的环境和政策，大批有资金、懂技术、善经营的外出能人才愿意回乡创业，逐渐形成“人才回乡、企业回迁、技术回流”的新格局。汇聚创业大潮，还需细水长流。勤劳朴实的江西人为寻梦外出打拼，又为圆梦归乡创业。通过升学、务工、经商等途径，经过多年摸爬滚打，不少人成为娴熟的产业工人和企业高管。为了让能人贤士返乡创业，造福桑梓，江西自上而下开始发力，从强化服务入手，着力解决返乡人员就业创业难题。据了解，江西省出台《推进大众创业万众创新的28条政策措施》和《支持农民工等人员返乡创业的16条政策》，通过整合人社、财政、税务、金融、工商等扶持政策，广泛开辟基层创业绿色通道和服务窗口，受理创业担保贷款、创业培训、政策咨询和项目推介业务；依托江西省就业信息网开设创业指导、创业培训、小额贷款和创业孵化专项模块，实现创业服务网络受理；全省通过指导各地成立“创业导师服务团”，根据每位创业者的特点提供个性化创业服务。“扶上马”后还要“送一程”，江西省人力资源和社会保障厅对符合条件的入驻企业和个人，在创业孵化基地3年内发生的物管费、卫生费、房租费、水电费均可享受补贴，补贴标准提高至60%；被评估为省级创业创新带动就业示范基地的返乡创业园可获得100万元的一次性奖补，对达到国家级示范性基地建设标准的给予

[1] 王成栋：川17个返乡农民工创业园调查：产业低端、抗风险能力差，新华网，2015-08-06。

200 万元的一次性奖补。据了解，江西每年评选 100 名有发展潜力和带头示范作用的初创企业经营者，按每人 1 万元的标准资助其参加高层次进修学习和交流考察。

小结

农民创业者主要利用掌握的专业技能，依托经济基础、市场发育、基础设施都比较好的中小城镇，创立成本小、见效快的加工业、小型工矿企业、餐饮服务业、运输业、零售业、农村旅游业等。具体可体现为开展农业等相关产品的生产、加工和经营，或通过城市、乡村两个市场的信息沟通，从事市场中介和经纪服务。

从实践情况来看，农民创业多以小型的私营企业、个体经营、兼业经营为主，多行业分布。经营地点较为分散，但有向城镇集中的趋势。

从一些实证研究来看，农民创业主要集中于第二、第三产业，诸如服务业、商业、建筑建材业、工业、农产品加工业及运输业等。农民创业者中有相当数量的人选择了农业中的规模化种植和畜禽、水产养殖业，也有一部分人投资于公共设施建设，对家乡的公共设施建设和公益事业做出了贡献。简单地概括说，农民创业领域很广，关键还是要找对路子。

Chapter 4

第四章

共享经济时代，无产业不互联

近年来，从网络消费到共享单车，从在线教育、远程医疗到物联网、大数据、云计算等等，“互联网 +”新型经济在中国遍地开花，成为世界第二大经济体转型升级的强劲动力。在互联网高速发展的今天，农民创业者也需紧跟时代步伐，积极拥抱互联网，减少投资成本，增强市场竞争力，使自己成为互联网创业中的一员。

近年来，从网络消费到共享单车，从在线教育、远程医疗到物联网、大数据、云计算等等，“互联网+”新型经济在中国遍地开花，成为世界第二大经济体转型升级的强劲动力。有不少新兴“互联网+”企业已开始进入国际市场。深入开展“互联网+”行动、推行“互联网+政务服务”、发展“互联网+农业”……2018年《政府工作报告》7处谈及“互联网+”这一经济热词，引发业界关注。在互联网高速发展的今天，农民创业者也需紧跟时代步伐，积极拥抱互联网，减少投资成本，增强市场竞争力，使自己成为互联网创业中的一员。农民在互联网高速发展的今天，早已不再是互联网的局外人。智能手机在农民中已经非常普及。我们经常看到，一个马路边上的小摊贩，都有几个二维码供扫描支付。看上去高大上的互联网，已经悄悄地走入了农民的创业视野中。“微商”“在线交易”“淘宝村”等业已成为农民创业的新业态。但是，同时也应该看到，与许多新兴经济一样，“互联网+”面临的机遇和风险并存。互联网是未来经济发展的新动能，但只有与实体经济紧密相连才能有利于经济良性发展，否则只是在单个系统内空转，没有溢出效应，很难起到资源配置的作用。2018年《政府工作报告》提出健全对互联网金融的监管，在网贷、理财出现乱象的背景下具有明确的指向性，也针对“互联网 +”中存在的“脱实向虚”风险提了个醒。

一、什么是互联网创业

创业就是奔着“垄断”去的。互联网创业指的是通过科技手段达到一定范围内的市场垄断。其本质就是互联网抹平了交易壁垒，互联网创业要抓住新垄断产生的技术红利，这是获得高市场回报值的唯一方式。

互联网创业基本法则就是成为细分市场垄断者[1]。可以说，创业是一将功成万骨枯，成功者往往是那些第一个吃螃蟹的人。平均值毫无意义，资本追逐幂定律，越是利用互联网技术早，就越能占据更多的市场份额，顶尖人才决定企业成败。

如何做到“小垄断”？颠覆式创新是创业公司的唯一玩法，选择一个变化足够大的市场进入，用小杠杆撬动大资源，垄断细分市场是为了立足更大的市场。

互联网创业到底做什么？“小垄断”怎么建壁垒呢？主要是打破别人制造的壁垒，让别人的子市场没有意义。创业公司增长范式是必须找到能打赢的创业切入点。为什么是你、你的团队赢？而不是其他别的团队呢？解决大领域的关键问题，才会有大成就。垄断的最大武器是高性价比，建立应对巨头的结构化壁垒，建立应对精准的复制壁垒。

创业实际是一个过关斩将的过程，而不是一个完美占主导的过程。创业有时候需要很大的坚持，从创业目的而言，必须打胜仗。

[1] 李开复、汪华、傅盛著：创业就是要细分垄断——互联网创业下半场机会路线图，文化发展出版社，2017。

与众不同的创业点子才可能取得最好的经济回报。与众不同的战略是从0到1的基石，战略比执行力更重要，没有高增长的战略要快速放弃，找到更高的维度。这里需要强调的是，差异性是小公司取胜的唯一机会。作为农民创业者，其思维方式应该是如何利用互联网，发挥其差异性、特殊性等特点。

互联网时代有几个显著的特征值得农民创业者关注。

第一就是移动终端的普及。2010年前后，移动智能设备在全球开始推广和普及，全球智能手机用户快速增长。1995年，全球手机用户数仅为8000万，占总人口的1.4%。而到2014年，智能手机用户达到16.39亿人，较2013年同期增长25%。智能手机用户占整体手机用户的38.4%。根据美国媒体机构Zenith发布的最新研究报告预测，2018年，中国智能手机用户数量将位居全球第一，达到13亿。智能手机和其他移动设备使用率的增加意味着品牌和消费者之间的互动更加频繁。[1]

第二是第三方支付工具的成熟。对需求方和供应方而言，双方可以实现实时付款与收款。同时，在一些预付费的场景下，网络平台作为第三方也保证了预付费一方的利益。

第三是信息共享习惯的养成。85后、90后被称为“互联网的原住民”。他们在成长过程中，最早地接触互联网，使用互联网的应用。因此，他们很早便建立起在虚拟世界中共享、分享信息的概念和习惯。今天，85后已经成为信息共享的主力。

共享经济正在改变我们的生活。共享经济最先改变的就是交通出行领域。在中国，滴滴、快的的发展速度前所未有，共享经济提供私家车预约（“专车”“快车”）、出租车预约（“打车”）、私家车顺

[1] 中国智能手机用户明年将达13亿，基本人手一部了，21世纪经济报道，2017-10-19。

路搭乘（“顺风车”“拼车”）以及租车四种新兴模式。出行成了多层次的服务，而对于每个个体来说，出行变得简单而划算。此外，城市道路两旁的自行车短租也可以解决交通换乘接驳的问题。

共享经济还将带来一些创新性的服务，如养老服务“陪爸妈”，通过在平台上聚合医疗、护理和养老人员，老年人可以在线上进行周边护理人员的选择和预约，将分散的医疗、护理、养老人员与老年人直接对接，从而形成居家养老的模式。“回家吃饭”利用社区内闲暇中年人的烹饪能力，与相应的上班族进行对接，实现类似于“搭伙”吃饭的邻里就餐服务。短期的宠物寄养平台，宠物主人可以通过平台预约合适的寄养人，给予宠物指定时间的照顾。此外，还有教育类服务平台，有需求的用户可以在该平台上发布自己希望了解的问题，预约各个领域的行家，与他们进行一对一的面谈。知识可以变现，而人们获取知识的效率也大大提升。

充分认识互联网的共享特征，有助于农民创业者找到商机。

二、熟悉互联网模式——肇始于打车软件

传统出租车行业，主要是政府将经营权通过竞价方式卖给不同的出租车经营主体，包括出租车实体型公司、承包型公司、挂靠型公司和个体。获得运营权的主体向发放权利的主体上缴承包费，俗称“份子钱”。而网络约车模式不受传统政府竞卖经营权的约束，主要是通过打车软件培养消费者网上支付行为，其核心并不局限于出租车运营，而是拓展网络支付平台，其背后是强大资本通过高额补贴方式占有网络支付平台的市场份额。具体模式如图 6、图 7 所示。

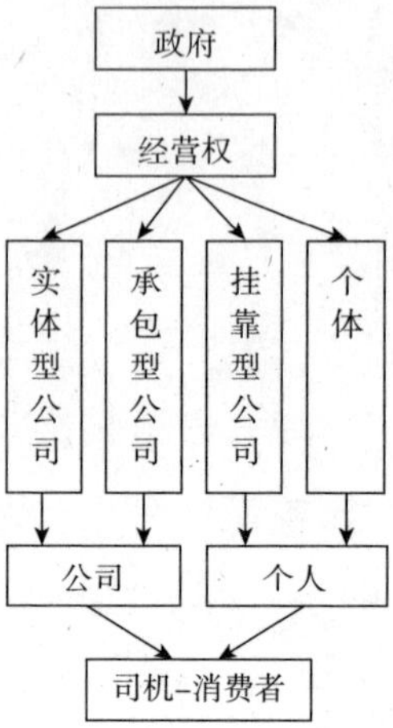

图 6　传统出租车行业劳资关系模式

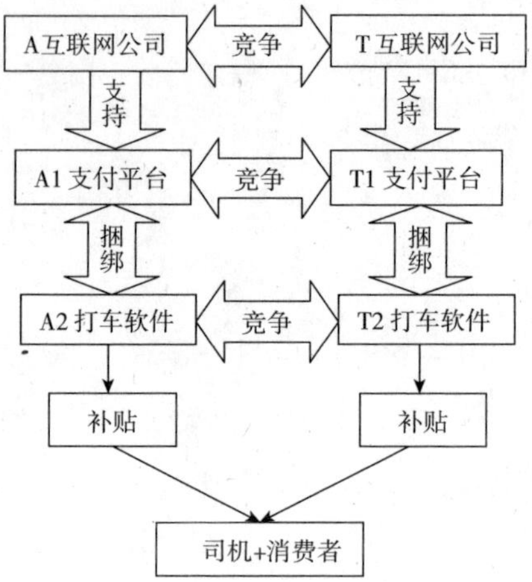

图 7　网络约车的劳资关系模式

行业内的劳动者、企业与行业管理者呈现出“互联网 +”背景下劳动关系各方去主体化的明显特征，劳资冲突有从企业内部向行业、市场扩散的趋势。

“互联网 +”背景下，剩余价值由传统马克思主义视角下的工厂内产生的单一维度向互联网时代的立体化三维空间过渡，产生了剩余价值的三维空间格局。

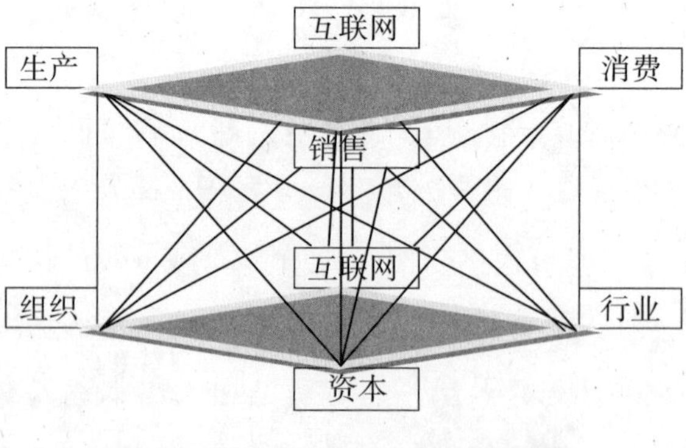

图 8　剩余价值产生的三维时空图

“互联网 +”背景下，技术、行业网络和市场行为构成了企业剩余价值总量，形成了剩余价值的三维立体空间。在这个剩余价值空间里，企业、组织、消费者和劳动者之间有着千丝万缕的联系，每个主体在不同的时间、领域扮演着不同角色，呈现不同功能。

互联网将多个无联系的行业、市场联系在一起，实现实体经济与虚拟经济的结合，在这一结合过程中，劳动者并不是互联网产生相对剩余劳动时代的主体，劳动者的去主体化表现为主体的客体化。互联网时代，资本甚至不关注个体劳动者剩余价值，而是将他们的劳动过程作为一个互联网载体的携带者、一个可供互联网平台建立的媒介、一个扩大互联网规模的要素、一个具有可替代性的对象而已。弗洛姆曾说过："过去的危险是人成了奴隶，将来的危险是人会成为机器人。"[1]在互联网背景下的出租车行业，出租车司机仅能成为其占有相对剩余劳动三维空间的客体之一。

但是，网络约车采取的是另外一种模式。网络约车服务商基于推动打车市场发展、提高司机使用打车软件的积极性、变革消费者乘车习惯等目的，实行高额补贴策略。[2]通过不正当竞争和垄断资本构建市场上的拟制血缘关系，培养消费者的互联网偏好。出租车行业的劳资冲突，是由互联网技术革命引起的劳资冲突。互联网技术进入市场，与资本、权力的或松或紧的关系，使之成为行政垄断与资本垄断博弈的中介，这也将引起市场众要素间的博弈。

美国经济学家哈里·布雷弗曼（Harry Braverman）在其撰写的《劳动与垄断资本》一书中指出了劳动过程对知识的垄断以及对劳动过程的控制导致了生产的"知识"与劳动"执行"的分离。[3]网络约车

---

[1] [美]艾里希·弗洛姆，孙恺祥译：健全的社会，上海译文出版社，2011。

[2] 杨浩雄、魏彬：网络约车与出租车的竞争博弈研究——以平台补贴为背景，北京社会科学，2016(5)。

[3] [美]哈里·布雷弗曼著，方生等译：劳动与垄断资本：二十世纪中劳动的退化，商务印书馆，1979。

中一单生意所获得的收益大于一单传统出租车业务，导致网络约车的期望收益高于非网络约车，从而导致网络约车迅速占领市场，形成一个“大体态”的进化稳定策略。

从权力决定论到技术决定论：政府与劳动者之间的博弈与现代权力运作和知识技术的作用密切相关。在出租车行业，权力与技术之间的“囚徒困境”如表11所示。技术与权力的博弈中有资本这一变量在起作用。

表11　权力与技术的“囚徒困境”

		技术	
		维护打车软件的市场占有	限制打车软件的市场占有
权力	取消经营许可证	罢运中等，打车软件继续拓展市场	不罢运，打车软件拓展市场速度降低
	不取消经营许可证	罢运激烈，打车软件继续拓展市场	罢运激烈，打车软件拓展市场速度降低

通过互联网，网络约车行为通过补贴制造相对优势，有很大的可能将这种优势转化垄断之势。资本通过金融运作方式形成市场支配地位，互联网将行业从工业时代向信息时代过渡提供了支持和媒介。因此，权力与资本在抢夺出租车行业这块大蛋糕中上演了一场“鹰鸽博弈”，具体如表12所示。

表12　权力与技术的“鹰鸽博弈”

		资本	
		与权力合作分蛋糕	不与权力合作分蛋糕
权力	允许资本分蛋糕	蛋糕被分享	蛋糕变小，资本占领另一块蛋糕
	不允许资本分蛋糕	权力独占蛋糕	权力脱嵌，资本占据蛋糕比例增大

平台累积资本是一个动态博弈[1]的过程，也是市场进入博弈的

[1] 一些参与人或者一组参与人先行动，其他参与人观察先行者的行为，然后再决定自己的策略，其中的次序是现实规定的，这类博弈称为动态博弈。

过程。劳动与资本之间的博弈经历了从劳动过程积累资本到从平台积累资本的过程。这一过程促使网络约车市场的形成，各个打车软件在进入市场时，形成了一个动态博弈从扩展形式向标准形式转化。表 13 说的是两个公司在网络约车市场上的竞争过程，表 14 说的是政府与公司在网络约车市场中的博弈过程。

表 13　市场进入博弈的扩展形式

		公司 2	
		进入网络约车行业	不进入网络约车行业
公司 1	进入网络约车行业	1/1	2/0
	不进入网络约车行业	0/2	−1/−1

表 14　市场进入博弈的标准形式

		公司	
		进入网络约车行业	不进入网络约车行业
政府	允许网络约车	1/1	2/0
	不允许网络约车行业	−1/−1	2/0

从最近网络预约出租车行为合法化的进程中可以看出，政府与作为市场主体的公司在博弈中最终也是采取了允许网络约车。网络约车合法化的具体实现路径还需要作为网络约车的市场经营主体与地方政府进行一番博弈。

移动互联网时代的最大特征是以用户的需求为核心实现利益共享,这是移动互联网市场最有价值的硬道理。借助滴滴等互联网平台，专车司机正享受着互联网经营新模式所带来的便捷、高效与效益。[1]基于互联网的共享经济目前来看已经大大改变了不少行业的格局，相对传统行业，它们拥有更大的优势：更节约时间、更优化资源配置和更灵活的就业。共享经济拥有巨大发展空间，一切才刚刚开始。

［1］ 金错刀：滴滴打车天价补贴背后的 4 个惊人秘密，http://j.news.163.com/docs/10/2015052103/AQ3TACKK9001ACKL.html。

三、适度依赖还是充分参与：互联网

（一）“互联网 +”改变传统创业生态

党的十九大报告提出“增强改革创新本领……善于结合实际创造性推动工作，善于运用互联网技术和信息化手段开展工作”。互联网技术在推动农民创业上起到了怎样的作用？

农业农村部数据显示，在返乡创业的农民工当中，82% 以上创办的都是农村产业融合类项目，广泛涵盖特色种养业、农产品加工业、休闲农业和乡村旅游、信息服务、电子商务、绿色农产品、特色工艺产业等农村一二三产业，并呈现交叉融合、竞相迸发的态势。其中，54.3% 都使用互联网等新一代信息技术获得信息和营销产品，广泛采用了新技术、新模式和新业态，现代要素投入明显增加。农民工返乡创业群体结合地方政府、电商及物流服务商构成了新型的创业生态体系，这充分说明了互联网的应用改变了农民工返乡创业的传统生态，相对降低了传统创业的风险。

图 9　有微信和支付宝收付款的烧饼摊

在产品或服务区域上，由原来的有限扩展到无限，只要自己的产品受欢迎，不仅可以服务周边客户，甚至可以扩展到外地甚至海外市场，这就可以解决有效客户不足、生意做不大的问题；在物流上，农民工可以不用自办物流，借助第三方物流解决运输问题；在货款上，不需要现金交易，也不用担心传统市场普遍存在的赊欠问题，而是借助第三方支付解决收款不便及变现问题。

总之，电商平台提供了免费的公共服务，农民创业完全可以突破过去传统市场的束缚，低成本、高效率地实现产品推广和市场拓展。相对以往返乡创业，“互联网 +”时代的农民工返乡创业具有较强的可操作性。

（二）依赖电商平台实现多元主体互动

在“互联网 +”背景下，农民工返乡创业生态系统呈现出怎样的特点？

一是高度依赖于电商平台。中国的电商平台建设水平居于世界前列，在运营上也有 B2B（企业对企业，如批发）、B2C（企业对个人，如天猫）、C2C（个人对个人）等多种模式，创业者可以依据其实力找到一个适合自己创业的平台。从成本上来说，农民工返乡创业依托现有的电商平台是一条非常便捷的低成本创业渠道。

二是资源禀赋深刻影响创业路径。目前，国内“互联网 + 农民工返乡创业”模式中，农民工创业先行者或利用自己的经验技能，或利用当地的独特资源，或利用传统市场条件，或依靠政策环境，闯出了一条条独具特色的“互联网 + 创业”模式，也为后来者提供了借鉴。这些模式没有最好的，最适合创业者自身条件和需要的就是理想的模式。

三是多元主体之间有机互动。电商平台虽然居于主导地位，但离不开国家基础设施建设的跟进和农民工返乡创业政策的推动，更离不开农民等创业主体的辛勤经营与开拓。农村店主已成为电商平台上最富活力的生力军之一，他们的努力也成就了电商平台的繁荣。同时，广大消费者对创业者产品的消费以及及时反馈意见，有助于创业者生产经营水平的提升。整个生态链上的各个部分都积极互动，共同构成了一个富有活力的生态体系。

四是生产者经营方向并不局限于涉农产业。过去我们一般认为农民工返乡创业一定是以农副产品为主。有些地方政府也将扶持农民工返乡创业的范围定位在农业领域。事实上，据阿里研究院的大数据分析，淘宝村网店销售额最高的商品是服装、家具和鞋。位居前十名的并没有农副产品。这主要是由互联网背景下的市场的广域性决定的。

四、共享经济时代之规划篇

2018 年，国家发改委印发《关于促进分享经济发展的指导性意见》（以下简称《意见》），《意见》重点指出了分享经济强调所有权与使用权的相对分离，强调供给侧与需求侧的弹性匹配，强调消费使用与生产服务的深度融合。加强部门与地方制定出台准入政策、开展行业指导的衔接协调，避免用旧办法管制新业态。坚持包容审慎的监管原则，探索建立政府、平台企业、行业协会以及资源提供者和消费者共同参与的分享经济多方协同治理机制。鼓励和引导分享经济企业开展有效有序竞争。鼓励和支持具有竞争优势的分享经济平台企业有序“走出去”。积极发挥分享经济促进就业的作用。具体指导性意见如下。

发改委《关于促进分享经济发展的指导性意见》

分享经济作为全球新一轮科技革命和产业变革下涌现的新业态新

模式，正在加快驱动资产权属、组织形态、就业模式和消费方式的革新。推动分享经济发展，将有效提高社会资源利用效率，便利人民群众生活，对推进供给侧结构性改革，落实创新驱动发展战略，进一步促进大众创业万众创新，培育经济发展新动能，具有重要意义。近年来，我国分享经济创新创业活跃，发展迅速，利用“互联网 +”，创造众多新业态，化解过剩产能，带动大量就业，显示出巨大发展活力与潜力，已成为推动大众创业万众创新向更广范围、更深程度发展的重要抓手和我国经济社会发展的“生力军”。但是，分享经济发展也面临着认识不统一、制度不适应、保障不健全等诸多问题和挑战。按照深化简政放权、放管结合、优化服务改革的总体要求，为加强预期引导，优化发展环境，促进分享经济发展，现提出以下指导性意见。

1. 分享经济在现阶段主要表现为利用网络信息技术，通过互联网平台将分散资源进行优化配置，提高利用效率的新型经济形态。

2. 分享经济强调所有权与使用权的相对分离，倡导共享利用、集约发展、灵活创新的先进理念；强调供给侧与需求侧的弹性匹配，实现动态及时、精准高效的供需对接；强调消费使用与生产服务的深度融合，形成人人参与、人人享有的发展模式。

3. 促进分享经济更好更快发展，要坚持以推进供给侧结构性改革为主线，以满足经济社会发展需求为目标，以支持创新创业为核心，以满足消费需求和消费意愿为导向，深入推进简政放权、放管结合、优化服务改革，按照“鼓励创新、包容审慎”的原则，发展与监管并重，积极探索推进，加强分类指导，创新监管模式，推进协同治理，健全法律法规，维护公平竞争，强化发展保障，充分发挥地方和部门的积极性、主动性，支持和引导各类市场主体积极探索分享经济新业态新模式。

4. 合理界定不同行业领域分享经济的业态属性，分类细化管理。加强部门与地方制定出台准入政策、开展行业指导的衔接协调，避免用旧办法管制新业态，破除行业壁垒和地域限制。清理规范制约分享经济发展的行政许可、商事登记等事项，进一步取消或放宽资源提供者市场准入条件限制，审慎出台新的市场准入政策。拟出台各项市场准入、监管措施，必须事先公开征求公众意见，充分开展咨询评估，提高政策透明度。坚持底线思维，增强安全意识，对于与人民生命财产安全、社会稳定、文化安全、金融风险等密切相关的业态和模式，严格规范准入条件。

5. 坚持包容审慎的监管原则，探索建立政府、平台企业、行业协会以及资源提供者和消费者共同参与的分享经济多方协同治理机制。强化地方政府自主权和创造性，做好与现有社会治理体系和管理制度的衔接，完善分享经济发展行业指导和事中事后监管。充分利用云计算、物联网、大数据等技术，创新网络业务监管手段。加快网络交易监管服务平台建设，实施线上线下一体化管理。平台企业要加强内部治理和安全保障，强化社会责任担当，严格规范经营。行业协会等有关社会组织要推动出台行业服务标准和自律公约，完善社会监督。资源提供者和消费者要强化道德约束，实现共享共治，促进分享经济以文明方式发展。

6. 根据分享经济的不同形态和特点，科学合理界定平台企业、资源提供者和消费者的权利、责任及义务，明确追责标准和履责范围，研究建立平台企业履职尽责与依法获得责任豁免的联动协调机制，促进行业规范发展。平台企业应建立相应规则，严格落实网络主体资格审查，保护消费者合法权益，积极协助政府监督执法和权利人维权。资源提供者应履行信息公示义务，积极配合相关调查。消费者应依法合规使用分享资源。

7. 引导平台企业建立健全消费者投诉和纠纷解决机制，鼓励行业组织依法合规探索设立分享经济用户投诉和维权的第三方平台。依法严厉打击泄露和滥用用户个人信息等损害消费者权益行为。加强对分享经济发展涉及的专利、版权、商标等知识产权的保护、创造、运用和服务。鼓励金融机构结合分享经济需求，创新金融产品和服务。研究制定适应分享经济特点的保险政策，积极利用保险等市场机制保障资源提供者和消费者的合法权益。

8. 鼓励和引导分享经济企业开展有效有序竞争。切实加强对分享经济领域平台企业垄断行为的监管与防范，维护消费者利益和社会公共利益，营造新旧业态、各类市场主体公平竞争的环境。严禁以违法手段开展竞争，严厉打击扰乱正常的生产经营秩序的行为。

9. 积极发挥全国信用信息共享平台、国家企业信用信息公示系统和金融信用信息基础数据库作用，依法推进各类信用信息平台无缝对接，打破信息孤岛，建立政府和企业互动的信息共享合作机制，充分利用互联网信用数据，对现有征信体系进行补充完善，并向征信机构提供服务。积极引导平台企业利用大数据监测、用户双向评价、第三方认证、第三方信用评级等手段和机制，健全相关主体信用记录，强化对资源提供者的身份认证、信用评级和信用管理，提升源头治理能力。依法加强信用记录、风险预警、违法失信行为等信息在线披露，大力推动守信联合激励和失信联合惩戒。平台企业要健全信用信息保全机制，承担协查义务，并协同有关部门实施失信联合惩戒措施。

10. 鼓励和支持具有竞争优势的分享经济平台企业有序“走出去”，加强对外交流与合作，积极开拓国际市场，构建跨境产业体系，打造国际知名品牌，培育具有全球影响力的分享经济平台企业。

11. 大力推动政府部门数据共享、公共数据资源开放、公共服务资源分享，增加公共服务供给，提升服务效率，降低服务成本。完善相关配套政策，加大政府部门对分享经济产品和服务的购买力度，扩大公共服务需求。在城乡用地布局和公共基础设施规划建设中，充分考虑分享经济发展需求。鼓励企业、高校、科研机构分享人才智力、仪器设备、实验平台、科研成果等创新资源与生产能力。

12. 积极发挥分享经济促进就业的作用，研究完善适应分享经济特点的灵活就业人员社会保险参保缴费措施，切实加强劳动者权益保障。加大宣传力度，提升劳动者的自我保护意识。对与从业者签订劳动合同的平台企业，以及依托平台企业灵活就业、自主创业的人员，按规定落实相关就业创业扶持政策。

13. 研究完善适合分享经济特点的税收征管措施。依法加强对平台企业涉税信息的采集和税收风险分析工作，加快推进线上线下一体化管理。推广应用电子发票，不断提高分享经济纳税服务的信息化水平，持续增强分享经济纳税服务能力。

14. 建立健全反映分享经济的统计调查指标和评价指标。充分运用大数据等信息技术手段，创新统计调查方法，推动部门统计信息共享，多渠道收集相关数据并建立数据库，完善统计核算，科学准确评估分享经济在经济发展、改善民生、促进就业和增加居民收入、扩大国内消费等方面的贡献。

15. 加强释法、修法工作，按程序及时调整不适应分享经济发展和管理的法律法规与政策规定，不断优化法律服务。在相关立法工作中，根据国家有关战略部署和分享经济发展特点进行设计，加强制度与监管的适应性。根据需要及时研究制定分行业分领域分享经济管理办法。

16. 各地区、各部门要担起责任，主动作为，切实加强对分享经济的深入研究，因地制宜，不断完善发展环境，创造良好社会预期，务实推进分享经济健康快速发展。鼓励有条件的行业和地区先行先试，充分发挥专业化众创空间、科技孵化器的支撑作用和双创示范基地的示范作用，不断提升服务能力，积极开展相关探索实践。“互联网 +”行动部际联席会议要加强对分享经济发展的统筹协调和政策解读，条件成熟时推动成立分享经济专家咨询委员会，为政府决策提供重要支撑。[1]

共享经济细分领域[2]如表 15 所示。

表 15 共享经济细分领域

共享领域	共享方式
交通出行	交通出行领域成为最早被共享经济改造的领域之一。在公共交通、私家车领域外，共享经济提供私家车预约、出租车预约、私家车顺路搭乘以及 P2P 租车四种新兴模式。
生活服务	共享经济开始渗透到理发、美甲、烹饪、洗衣、家政等更加细分的生活服务领域。除了便利,更要突出人文关怀。比如回家吃饭中“家的味道”，手艺人平台的解放手艺人后让其更加愿意为自己代言。 e 袋洗：从洗衣服务到邻里互助共享服务平台——小 e 管家。不久前 e 袋洗推出了母品牌“小 e 管家”，大力发展邻里互助的共享经济，推出小 e 管饭、小 e 管修、小 e 管绿植、小 e 管宠物等邻里互助服务。小 e 管家联合正和岛投资、京东金融等成立 Share VC（共享基金），第一期募集 1 亿元资金，专门投资可接入平台的社区共享经济项目。比如让邻居教你开车的“好好学车”、邻居帮你寄养宠物的“宠物帮”（领投近千万元 Pre-A 轮）以及做回收的淘弃宝；公司也以 e 袋洗或小 e 管家的名义投资了社区医生帮你照顾老人的“陪爸妈”，主打月嫂、保姆和育儿嫂服务的“无忧保姆”以及做上门产后恢复的“奶牛妈妈”。
消费品	除直接交换消费品外，共享经济促进了众包生产，个性化、聚合化、组织化以及订制化的生产方式改变了传统的零售行业。闲置物品、二手商品如孔夫子旧书网、闲鱼等；在线上出售手工艺品的网站，如我的手艺网、哇塞网等。
空间分享	房屋住宿共享如 Airbnb，国内的有蚂蚁短租、小猪短租；酒店公寓平台如携程网、去哪儿；房屋出租如爱屋吉屋、搜房网、房天下；房屋信息如 58 同城、赶集网等。其他的空间共享如仓储租赁：迷你考拉、万物仓。车位共享如有车位。健身空间共享：乐剧。共享办公空间如 wework。

［1］“共享经济”被定为国家战略，http://www.sohu.com/a/224019606_556637，2018-02-25。

［2］星橦、周怡、荆华：小饭桌共享经济报告，喊你加入“共享主义同盟”！http://www.sohu.com/a/48866805_247350，2015-12-16。

（续表）

共享领域	共享方式
物流	从标准化商品到餐饮外卖、果蔬生鲜，一切希望解决最后一公里的服务均依赖物流。传统物流行业的两大痛点：信息不对称；安全信用隐忧。"互联网 + 物流"的核心是资源整合，共享经济能够整合盈余资源，促进仓储、配送资源最大化利用。与此同时，快递市场也急需出现更加细分化的产品。
娱乐	美国互联网音乐、视频、图书领域出现的共享经济模式，如 kindle。国内在游戏、视频等垂直 UGC 领域有一系列共享经济典型公司，比如小咖秀、17、秒拍等等；泛娱乐产业的共享经济对传播性和话题性的要求很高，容易出现象级产品。但另一方面，留存率和内容沉淀同样重要。
教育	如果壳在行网。"在行"瞄准的是成人教育 O2O 市场。学生可以通过在线预约，与行业专家交流，学习他们的经验。以后可能出现的问题：如果有更多用户涌入，很难控制服务水平和用户质量的下滑，如何保证交易和有效匹配是一个相当难解决的问题。除了"在行"之外,教育类的共享经济平台还有"榜样（名校学生答疑解惑）""口袋老师"（众包在线实时答疑）等。另外，如喜马拉雅将学习资讯进行整合，省去了寻找学习资料的时间。

现在，街头巷尾出现了非常多的共享新事物，在西安市出现了共享钢琴服务——"弹吧"。另外，一些产业在共享经济模式下经验模式也在悄悄发生变化，如无人超市等。共享经济时代的到来，加速对传统行业重新洗牌。当然并不是所有的"互联网 + 创业"模式都是成功的，在现实中也有很多没有成功的案例。也就是说，应该认识到共享经济时代也有失败的例子。

1. 共享经济失败案例：美国家政 O2O 巨头 Homejoy 倒闭

失败原因分析：来不及建立新的库存，提供标准化服务。

法律问题——平台服务者无法享受员工福利。

无法实现真正的共享——在平台上工作的是原来家政行业的全职工作者,与"共享"理念相悖。来不及建立新库存,职业转化没有那么容易。

共享频次低，太容易“去中介”—— 用户很容易绕过共享平台直接与服务提供者合作。

2. 在国内已有家政O2O项目宣告失败的案例。2014年，身边家政、微洗衣和邦家政PH+相继关闭。

共享经济如何避免死亡公式？

产品/服务：判断依据主要是——租用方的体验是否比拥有更优；租用方的单位时间性价比是否高于拥有；拥有方是否得到足以弥补隐性成本的经济好处；拥有方是否能避免分享可能带来的麻烦。

规模化：内容标准化程度、需求频次、库存建立速度、库存周转次数决定是否能规模化发展。

创造真正的共享：初期平衡供需双方匹配量的跷跷板，需要用到补贴，但小心依靠补贴形成的伪共享。

共享经济时代的蓝图已经规划好，具体的实践还需市场培育和发现商机。下面就共享经济这个新事物，我们介绍几个实践模式。

五、共享经济实践篇之共享经济烧向家庭厨房

从外卖送餐服务平台如“饿了么”“美团外卖”，到现在，一些新的餐饮共享模式出现，以满足不同群体对餐饮的需求。我们下面就看看共享经济是如何烧向家庭厨房的。

相对于一般的外卖平台，如何满足消费者对个性、非快餐化饮食的需求，已经成为一个商机引起关注。那些传统的餐馆业受到来自家庭厨房的挑战。在共享经济时代，如果说滴滴解决了汽车共享，Airbnb（空中食宿）解决了房屋共享，那么关于美食的共享才刚刚起步。食品安全、用户体验以及政府态度无疑是这类平台能否走得更远的关键。

（一）共享厨房之“回家吃饭”

随着“回家吃饭”等一批以家庭美食分享为诉求的手机 App 涌现，上班族想吃上可口的家常菜的需求，与赋闲在家的大爷大妈想通过烹饪拿手菜赚点小钱的愿望实现了对接。“回家吃饭”被业界称为“吃饭版”滴滴打车。滴滴打车缩短了打车等待时间，实现了时间共享。从时间共享到空间共享，是共享经济纵深发展的变现之一。何为空间？何为共享空间？又何为共享经济空间？其实，空间的分类和功能很多，在共享经济模式下的空间主要将空间使用权和所有权分离，充分发挥空间使用权所产生的经济价值。这种使用权之所以能够产生价值，是指空间使用权和劳动服务相结合，来满足消费者的多样化需求。就如吃饭来说，也是具有无限商机，如果说外卖平台是节约了时间的话，那像“回家吃饭”这样的经营模式则节约了做餐的空间。家庭闲置厨房如今也能赚钱。家庭闲置厨房共享对那些退休老人来说，可以发挥自身作用，既能赚到钱，还能发挥自身价值。如刘阿姨今年已 60 多岁了，做饭一直是她的业余爱好。刘阿姨和老伴如今经营一家名叫“力源小厨”的网店，在自家厨房烹制拿手菜香辣猪蹄、粉蒸肉、红烧狮子头、肉丝扁豆等放到网上，卖给周边的邻里，每月少说能挣两三千元。

随着中国城市化的加速进行，人口大规模流动成为日常。流动到外地的游子，对故乡的眷恋在味蕾上最能体现，吃上一顿纯正的家乡菜、家乡饭，成为许多漂泊在外的人的一种需求。

在一家互联网公司打拼的小李是湖南人，一个人漂泊在外，特别想念家乡菜的味道。偶然发现可以通过手机 App 找社区的邻居订餐，正好附近就有个擅长做湖南菜的大妈。如今他隔三岔五就要点几个大妈做的菜，“和餐馆做的完全不一样，真的有种回家的感觉”。

共享经济在跨越时间和空间阻碍的同时，能够把消费者和创业者联系在一起的服务和劳动，附加了更多的情感，这种具有情感的共享经济成为共享经济的深度发展模式。凡是有空闲时间、热爱烹饪且乐于分享的人，都可以免费在手机 App 上开个家庭厨房，有专人辅导接单；而没时间做饭又想吃到家常菜的人，则可以通过手机 App 预订附近家庭厨房的美食。“回家吃饭”致力于打造“家庭厨房共享平台”。目前在北京已经有上百个小区的 1000 多人通过自家厨房做饭当兼职。主要从业者是退休在家的大爷大妈和全职主妇，在家做饭不仅能赚钱，让自己的手艺被更多人认可，还能增加邻里间走动，拉近彼此距离。这种情感交流成为一种新的共享经济价值取向。

（二）分享厨房之“妈妈的菜”

与“回家吃饭”类似的手机 App 还有“妈妈的菜”“蹭饭”等，商业模式如出一辙，都是主打家庭美食分享。从共享经济到分享经济，这些变化可以看出，未来分享经济模式的发展，单纯的商业服务模式需要更新升级，其中更新升级的一种方向就是实现体力劳动、脑力劳动和情感劳动相结合，实现情感化服务，或服务情感化。共享经济的价值就在于以极低的成本完成过去无法做到的事情。现在有了信息，有了地理位置，可以很容易实现交互。中国有 4 亿个家庭厨房，从理论上讲，都可以成为我们的供给者。有人测算过，在餐馆吃一顿 30 元的午餐，其中至少 8 元是付给了房租、税费等额外成本，真正用于食物的只有 22 元。而家庭厨房共享是利用社会闲置资源，没有房租、税收等额外支出，因此能以较低价格提供服务。

像“妈妈的菜”主打的是亲情牌，主要弥补的是一般餐馆里所无法提供的个性化、情感化的用餐需求。像这种共享厨房模式，主要的消费群体是在周边，甚至更多的是在同一小区、社区的居民。这样更能促进邻里互动，甚至对城市陌生人社会的交流和交际方式产生改变。一位颇受欢迎的网上私厨说，所有的食材都是自己亲自从超市挑选，都是最好的，油和调味料等用的也都是品牌产品，和自己家用的一个样。“比给自己家做饭要求还严呢。自己家有时候就凑合了，这可不行，得对得起顾客的信任。”对于家庭厨房出品的食品安全，很多食客表示并不担心。有人坦言，比起一些小餐馆，家庭厨房的卫生安全其实更有保障。很多家庭厨房都支持上门自取，这实际上也是一种公众监督。而且食客在网上都会进行评价，评价机制本身就会起到引导监督作用。这些社会效益和社会功能是许多市场化经营模式——消费者为不特定的陌生人所不能提供的。

（三）共享厨房之管理困境

正常开一家餐饮店，需要办理营业执照、餐饮服务许可证、消防审批、排污许可证，为从业人员办理健康证，公章审批、刻章，办理组织机构代码证、银行账号，以及办理地税国税登记、社保手续等。

而家庭厨房在手机 App 上开店，除了要求家庭厨师持有健康证和进行简单培训外，其他几乎全凭自律。与餐馆进货、销售、库存都有详细记录相比，家庭厨房从原材料采购到整个加工制作过程都缺乏监管。一旦出现问题，消费者也很难维护自身权益。而且，熟人之间、半熟人之间的维权更不好处理。

因此，尽管这类手机 App 提高了家庭厨房的使用效率，为喜爱烹饪的人们提供了展示厨艺的机会，也满足了食客品尝家里菜的需求，但作为一门生意，其合法性显然处于灰色地带。面对质疑，新经济能提高资源配置效率，而新旧经济之间必然会产生矛盾。法律法规通常都有滞后性，而经济形态总是在创新中不断向前发展。

家庭厨师在网上售卖的都是拿手菜，因此味道普遍受到好评，回头客众多。但是由于供给能力有限、配送人手不足，想要及时吃上邻家厨房的美味其实并不容易，远不如餐馆那么有保障。与餐厅明确的岗位分工不同，家庭厨房大多人手有限，经常是老两口一个炒菜、一个送餐，效率自然不能与人员充足、分工明确的餐馆相比。同时，家庭厨房杀入O2O市场，无疑抢了不少餐馆的生意。不过业内人士认为，就像拼车无法替代出租车一样，家庭厨房O2O也不可能替代餐馆，双方会在竞争中找到各自位置，实现互补发展。

作为创业的农民群体，应该培育自己的互联网思维，熟悉“互联网+”下的新的经济业态，以及“互联网+”背景下消费模式的变化，只有不断适应新的经济形态，积极融入新的经济形态和消费模式，才能在科技日新月异的现代社会，寻找到属于自己的商机，为创业开拓创新之门。已经有不少农民通过互联网建立起了自己的“生意圈”“销售圈”。

六、共享经济实践篇之达达—京东

新的服务经济插上了互联网的翅膀，覆盖面更广，服务的消费群体更广泛。只要产业做得好，就会获得更多的投资，并得到大企业的青睐，实现强强联合，优势互补，占领更多的市场份额。

达达与京东的牵手

达达—京东到家是中国领先的同城快送信息服务平台和生鲜商超O2O平台。同城快送信息服务平台“达达”目前已经覆盖全国360多个重要城市，拥有300多万达达骑士，服务超过80万商家用户和3000万个人用户，日单量峰值超过400万单。其生鲜商超O2O平台“京东到家”，包含超市便利、新鲜果蔬、零食小吃、鲜花烘焙、医药健康等业务，覆盖北京、上海、广州等22个城市，注册用户超过3000万。公司成立于2014年初，先后获得了红杉、DST、京东、沃尔玛等顶级基金和战略合作伙伴的投资，累计融资金额近7亿美元。

表16记载了达达和京东联合的始末。

表16　达达—京东大事记

时间	描述
2014年6月	达达正式上线。
2015年3月	达达日单量突破10万单。
2015年4月	京东到家上线。
2015年6月	达达完成由DST领投、红杉与景林跟投的C轮融资，融资金额1亿美元。
2015年9月	达达完成由DST和红杉资本领投的D轮，融资金额3亿美元。
2015年12月上旬	达达日单量突破100万单。
2016年4月	达达与京东集团旗下O2O子公司“京东到家”合并，新公司命名为达达—京东到家。
2016年6月	达达—京东到家同城快送信息服务系统全面对接京东商城的配送体系。整个“618”期间，达达—京东到家仅为京东商城配送的日订单量峰值突破100万单，平台整体日单量峰值突破200万单。
2016年6月下旬	达达—京东到家与沃尔玛形成战略伙伴关系，为沃尔玛中国实体门店提供快送服务。
2016年10月	达达—京东到家获得来自沃尔玛的5000万美元的战略投资。沃尔玛中国实体门店独家接入京东到家，由达达完成配送。
2016年11月	达达—京东到家250万众包助力双十一，日单量峰值突破300万单。
2017年2月	沃尔玛宣布2017年将会有180家门店接入京东到家。
2017年5月	达达App全新上线。
2017年6月	整个“618”期间达达平台单量累计突破5000万单，“618”当天达达日单量峰值突破400万单。

作为一个同城快送服务的企业——达达在市场上不断做大做强的同时，还与网络销售企业、实体零售企业联合，既解决了实体零售企业和网络销售企业最后一公里的问题，又扩展了企业业务。之所以能够实现联合，是因为这些企业之间有服务互补和联合最优的趋势。因此，这样的联合肯定能够实现。

从中我们也可以看出，共享经济的背后是完整的产业链和服务链。这些成熟的“互联网 +”经济业态，为新的创业、新的服务、新的消费需求提供了可能。作为农民创业者，能够在“互联网 +”经济业态中找到适合自己的领域。因为，我们应该看到，“互联网 +”经济业态最后一公里还是需要人力资本的投入。在这最后一公里，农民群体找到自己的位子，寻找到“互联网 +”背景下的创业机遇，也不是不可能的。

七、从共享经济到分享经济之附近家政

虽然，目前滴滴、ofo、摩拜、小电引领中国互联网进入的共享经济时代格局已有雏形，但是我们也看到这个时代是个烧钱的时代，拿到融资的才可以生存。有人认为融资基本与小商家无缘。但是，我们应该看到，分享经济打破了“所有即占有”的桎梏，将人们无穷的占有欲消解，人们的生活更趋向于简洁化，越来越多的人走到众享行列当中。不仅仅是主动地应用别人的众享成果，更是将自己手中的闲置资源分享给别人，从中赚取利润。创业经济打破了工业经济时代工厂制的局限，将工作、劳动和创业分散到工厂之外，原来工厂制中的核心部分工厂管理和技术由网络平台提供，其他的工厂功能分散到不同的资源拥有单位，分享群体直接与平台对话，有的分享群体既是分享者，又是供享者。分享经济其实是指共享经济，

即是指将社会海量、分散、闲置资源，平台化、协同化地集聚、复用与供需匹配，从而实现经济与社会价值创新的新形态。但是目前的共享经济一般商家无法切入，而且由社会个人海量资源的分享逐步变为大企业大平台的产品使用。

“共享经济”之后的“分享经济”之附近家政

你有需求，我有资源，让我们快速找到彼此。

事实上，共享概念早已有之。传统社会，朋友之间借书或共享一条信息，包括邻里之间互借东西，都是一种形式的共享。

真正让“共享经济”落地，渗入寻常百姓生活，并成为一种商业模式，成为一个新的经济增长点的，是互联网作为媒介的技术成熟以及移动终端对大多数用户的有效覆盖。

共享经济的本质是通过整合线下的闲散物品或服务者，让他们以较低的价格提供产品或服务。对供给方来说，通过在特定时间内让渡物品的使用权或提供服务，来获得一定的金钱回报；对需求方而言，不直接拥有物品的所有权，而是通过租、借等共享的方式使用物品。[1]

附近家政是企业资源分享的一种典型。我们经常看到的是大企业平台直接面对消费者。但是一些小微企业如何能够融入互联网呢？这一市场需求已经有了可供参考的模式。如附近家政平台借助于微信小程序引领家政行业开启分享经济时代。

如果是一个家政公司，由于服务区域和服务类目的局限性并不能完整地发挥微信小程序的优势，甚至连推广的成本都不能承担，开发出真正属于自己的小程序也就并没有什么意义。因此需要资讯共享，抱团取暖，原来的平台—消费者二者对应的关系，在共享经济

[1] 附近家政：“共享经济”之后“分享经济”即将到来！东方头条，2017-12-09。

纵深发展的时候，变成了平台—小微企业—消费者三者结构性的关系。利用平台，将市场要素都加进去，这就是“互联网 +”的魅力，也是共享经济的魅力，通过“互联网 +”的模式，将提供市场要素的各主体进行资源，形成单个市场主体所无法完成的资讯共享模式，通过资讯共享模式，又回流到小微企业、消费者等市场主体，实现资源、经济、消费共享。这一过程就如水的不同形态变化过程，既包括固化、液化、汽化、升华和凝固过程，也在不同的过程中不断地吸收和释放经济能量，并创造价值。

由此，利用自身企业的资质共享到附近家政免费生成自己流量入口的小程序，平台后方千万商家作为小程序服务能力的保障。入驻附近家政后不仅仅自己的小程序为自己带来订单量，其他的家政小程序也会带来订单量，自己不能服务的区域订单分享出去换成友商企业带来的订单，故此称为真正的“分享经济”。

八、分享经济“三权分立”之短期民宿与“共享房屋”

传统工业经济时代，对垄断的定义是独享。传统工业经济时代是独享的世界，在更大范围的独享才能创造垄断，才能减少竞争，才能保持稳定的现状，才能在市场定价、交易甚至规则制定中处于主导地位，最终才能铸就坚固的行业壁垒。因此，在传统工业经济时代，人们对财产所有权的拥有成为不同阶层群体终其一生孜孜以求的不竭动力。在这样的背景下，以产业制度制定为主导的经济的核心是“确权”，主要是确定所有权，以及在国家根本大法上“倡导私人财产神圣不可侵犯”成为全人类的共识。如今，互联网打破了经济空间和时间的限制，这种时空的变化，对传统产权格局产生了重大影响，以所有权为核心的产权制度出现了“三权分立”趋势，即所有权、使用权和经营权的分离，这种分离，为共享经济的出现提供了可能，特别是移动社交的出现，让独享经济逐渐走向后台，分享经济成功上位。

在共享经济火热的当下，住宿分享真正体现了一种彼此信任的淳朴文化。在欧洲，bnb（bed & breakfast）文化已经有上百年的历史，如果远行的游客累了，去陌生人家歇个脚，一张床、一餐饭、一次温暖友好的对话，可以体验到各地风格各异的民俗文化。因此Airbnb在国外把已有的消费模式从线下迁移到了线上。然而在中国，目前大部分人恐怕还不能接受让陌生人住进自己家。

2010年左右，当携程等在线旅行社风风火火抢占在线旅游入口时，Airbnb的民宿短租模式渐渐闯入了大众视野，让互联网人突然发现了一个彻底颠覆旅游业供给端的可能。目前，较有实力的短租平台有途家、蚂蚁短租、小猪短租等。如小猪短租的经营理念是“让分享和信赖悄然发生”，让人们在旅游途中更多地与当地人交流、沟通，其向消费者推荐的“莫愁前路无知己，天下谁人不识君”，给消费者旅游带来了另外的体验。而且，短租的价格比普通酒店的价格便宜，一般都是整套出租，房间里有厨房、洗衣机以及一些生活必需设施，比酒店的配套设施相对齐全一些，一些房间里还有钢琴等，这更容易满足消费者的多样化需求。

创造中国式的C2C民宿短租生态，就是创造出一种基于陌生人彼此信任的住宿分享文化，本土化的短租民宿新模式正在探索与兴起。

民宿短租的本质，就是把个人的多余住房拿出来开旅店，每个在分享住房资源的同时，成为小老板，成为创业者。楼房住宅、平房小院、独栋别墅、乡村民居，都可以出租经营。民宿短租因性价比相对快捷酒店高，且能满足出游的终极目的（体验当地民宿特色、家庭出游更融洽等）而大受欢迎。随着乡村旅游的兴起，这种体验式的住宿需求对农民来说可以是一个创业的契机。当然，民宿的发展与当地及周边旅游环境的发展是分不开的。依托周边旅游资源，民宿特别是特色民宿比小旅馆更具有市场竞争力，更能得到消费者的信赖。

随着移动互联网、AI 人工智能、大数据、物联网等多种新技术日渐成熟，短租民宿将更加便利化，如智能门锁、人脸识别、征信识别、个性订制服务等都将被运用到短租民宿中。这极大地保证了共享房屋的私密性和自由度，为共享房屋的进一步发展带来保障。

九、农村将会是共享经济下一个“蓝海”

许多人都认为，城市才是共享经济的天下，农村与这些高大上的高科技产物根本就没有关系。但是，现实告诉我们这样的想法是错误的。诚然，在城市，由于经济社会发展的成熟、基础设施的完善以及公共服务的标准化，基于移动终端的普及的共享经济也发展得更加成熟，共享的理念也较易深入人心。但是，互联网的优势恰恰能够弥补农村共享经济中存在的空间地域限制和资讯的时间滞后问题。因此，许多人认为农村将会是共享经济下一个“蓝海”[1]。农村如何成为共享经济的下一个“蓝海”，我们还是从“三农”的范畴说起。何为“三农”呢？“三农”指农业、农村和农民。

（一）农村人力资源范畴的共享经济

农村人力资源共享，尤其是农村劳动力资源共享是一个新鲜事物。

---

[1] 农村将会是共享经济下一个“蓝海”，农民日报，2016-11-30。

快工邦成为建筑业共享工人的第一个吃螃蟹的人。在 2017 年末，类似的共享工人模式在建筑业领域出现，目前除了“快工邦”，还有“工点点”。

1. 快工邦

陈某是快工邦的创始人，他是农民工出身，后来做过包工头，也和开发商、建筑商打过不少交道，他深悉工人与施工方的难题与需求。以“共享”的方式，快工邦把农民工变成了一个稳定的有保障的职业。资料显示，快工邦是一个专门针对快工输出的服务平台，通过寻找优秀的建筑包工头，为这些“共享老板”“共享班组”提供 5 万至 500 万元不等的工程资金周转（资金由合作伙伴金融公司提供），并为其提供共享办公空间。

通过包工头进一步对接到个体工人，平台掌握了丰富的工人资源，包括建筑、工厂、装修、服务、家政等多种类型工人。截至 2017 年底，快工邦已拥有工人 10000 人左右，合作工地达 280 家，业务已经覆盖浙江全省。

下一步，快工邦将以“自营 + 加盟”形式进行市场拓展，在重庆、武汉、温州、宁波、金华等多个城市成立分公司，以线上联动线下实现流量导入。因此，平台也正在进行加盟商、共享建筑老板以及建筑小班组的招募。“共享工人”平台快工邦已获数百万元天使轮融资，由盛港投资出资，本轮融资将主要用于市场拓展、App 系统迭代升级与工人培训方面。[1]

2. 工点点

与“快工邦”类似的还有“工点点”。“工点点”是一个“互联网 +”工人平台，缔造了“共享工人”模式，致力于解决行业用工需求不对称、

[1] 创始人农民工出身，打造“共享工人”平台快工邦获数百万天使轮融资，投资界，2017-12-18。

信用安全体系及工钱保障等问题。工点点 CEO 观点与快工邦创始人的观点有相似之处，都认为家装市场还是蓝海市场，潜力巨大。这种市场虽然潜力巨大、市场广阔，但用工模式难点在工程交付、招工、培训、管理。这类行业的难点主要表现为雇主与雇员双方信息不对称、工程多层转包、用工培训缺位、信任度低等。对建筑工人来说，希望找活难、拖欠工资、环境脏乱差等问题通过共享工人平台得到改善。

对于共享工人这类平台，与线下传统用工模式相比，核心竞争力是把品质、经营做好，把相关人才的培养做好，才能在未来的竞争中立于不败之地。“工点点”力争做工人行业 O2O 平台，解决行业信息不对称的难题，建立建筑装饰行业群体的口碑体系，让就近找工人不再成为难题，让工人工资不再被拖欠。这恰恰解决了现今劳动力市场上的不规范问题，通过“互联网 +”，通过共享工人，共享了劳动力市场的信息，化解了一些社会矛盾，解决了政府社会治理过程中遇到的困难。[1]

（二）农业范畴的共享经济

农业领域的共享经济主要是农业生产资料的共享。在农业生产资料的共享上，法律上有一个“融资租赁合同”，可视为农村生产资料共享的法律依据。

1. 农业机械的共享

农业生产资料的共享主要包括大型农机设备、农业机械，在为自己提供服务的同时，可以供其他用户使用，而减少了购买设备所需的大量资金压力。比如一些地方成立的农机合作社，在播种、一

[1] 工点点是一个互联网 + 工人平台，缔造了“共享工人”模式，http://www.sohu.com/a/203574595_693508，2017-11-15。

喷三防、收获等农忙时节，合作社共有的大型机械可以供社员使用，社员不需要自己拥有农机的所有权，但享有使用权，这就是一种共享。

2. 现代农业示范基地的共享

有些家庭农场、种植大户利用物联网技术实现了规模化的现代农业，他们的农场成了教育培训部门的“现代农业产业技术示范基地”和“新型职业农民培育工程”实习基地，这也是一种共享。

3. 农产品销售共享

“村淘”通过互联网的延伸，已经在许多地方建立了农村电商服务点，建立线上与线下相互支持的服务体系。农产品销售共享，主要是汇集农产品销售服务咨询，提高信息的流通速度，为农产品销售提供便利。这是农产品进城的共享。

与农产品进城的共享经济相对应的还有城市商品下乡的资源共享，如“淘实惠”。“淘实惠”主要是通过县域内寻找有商业资源的合伙人、电子货架扩展农村小店经营范围和商品品类，串联农村小店的集合配送，让在农村做生意变得更加容易。通过分割市场，细化市场功能，让商品在农村销售中更加便利，在农村建立商品及服务销售网络，满足需求和供给方的需求，又让地方特色农产品在不同地区农村之间对流。

4. 农业服务资源共享

城市里已经发展起来的交通运输业务也可以供农村借鉴，例如“乡村货的”，主要是让乡镇拉货的司机和供货的店主相互找到对方，它可以让货车司机减少空车运行，也解决了“农村最后一公里”的难题。有些有旅游资源的村庄发展农家乐、渔家乐等休闲加民宿，也可以把自家的照片放到共享平台上，让游客找到它。

（三）农村范畴的共享经济

共享经济的商业模式，正在暴风骤雨般地改变我们的生活方式。比如乡村振兴之共享经济盘活农村闲置资产——“共享农庄”。

农村土地制度改革，实行所有权、承包权、经营权“三权分置”是继家庭承包制后农村改革的又一大制度创新，是农村基本经营制度的自我完善。要围绕正确处理农民和土地关系这一改革主线，不断探索农村土地集体所有的有效实现形式。

“共享农庄”简而言之就是在不改变农民所有权的前提下，将农村闲置住房进行个性化改造，形成一房一院一地，并根据需求改造为市民田园生活、度假养生、文化创意产业等多种模式，以互联网、物联网技术为平台，与城市租赁住房需求对接，形成政府、集体经济组织、农户以及城市消费者“四赢”局面。

村民可将现有房屋进行改造升级，将民宿出租，民宿的经营权、股权可转让。城里人、“候鸟”老人可租赁农田农庄，用于农业生产或农事体验。这就是未来的“共享农庄”。

海南“共享农庄”来了,海南“共享农庄”建设原则[1]主要如下。

强化农庄民宿（客栈）建设的体量、高度和风貌管控，把农庄建设与全域旅游、百镇千村建设以及休闲农业示范点、乡村旅游示范点、现代农业示范基地建设相结合，统筹推进。把发展“共享农庄”和脱贫攻坚紧密结合起来，优先在自然环境良好的贫困村特别是少数民族贫困村发展“共享农庄”，形成贫困户与经营主体利益共同体，通过土地入股、出租、在农庄务工等方式增加贫困户收入。探索运用“共享农庄”理念开展生态移民扶贫。

---

［1］“共享农庄”来袭，盘活利用闲置农宅院落，你准备好了吗？http://www.sohu.com/a/208061446_168681，筑梦乡村，2017-12-02。

表 17　海南共享农庄类型

类型	标准
产品订制型	对消费者认养的农作物建立档案，严格按照约定标准进行生产。产品成熟后，按照消费者的要求既可配送到指定地点，也可进行代销，将销售收入返还消费者。鼓励省外大型农产品批发市场、菜篮子集团、酒店、企业、学校等在海南省投资“共享农庄”。
休闲养生型	鼓励农村集体组织和农民以出租、合作等方式发展特色民宿客栈，吸引消费者特别是“候鸟”人群前往农庄休闲养生度假。打造“民宿 + 农地”休闲养生产品，把经营权租赁给“候鸟”人群、城市居民，用于农业生产或农事体验。
投资回报型	消费者及投资主体通过众筹等方式募集资金用于发展“共享农庄”，农庄为消费者及投资者提供农资供应、技术指导、托管代种代养、产品销售等配套服务，消费者及投资者按约定获得实物或投资收益回报。
扶贫济困型	引导消费者及投资主体与贫困村或贫困户直接对接。消费者认养贫困户的农作物或者承租贫困户的农地、农房。贫困户通过出租土地、房产或以土地、房产入股获得财产性收入以及通过打理农庄获得务工收入，实现贫困户持续稳定增收。
文化创意型	立足特色资源，吸引各类艺术家、创客利用品牌设计、故事挖掘、艺术再造、农业科普等文创艺术方式，打造特色农庄。

小结：用工匠精神拥抱互联网

移动互联网可以帮助每个人改变职业，对农民来说，也不例外。本章用大量篇幅介绍了不同领域的互联网发展状况，希望大家了解“互联网 +”，认识共享经济、分享经济，培养自己的互联网思维。在此，需要说明的是，远离或者拥抱互联网，并不是说说而已，你得有所行动。

共享经济时代，两类人最被人尊重，一类是专家，在某个细分市场持之以恒，一条路走到底的人；一类是创作者，能够为这个社会提供“内容”的人。如果你在所专注的小领域能够持续创造内容，那你也会成功。不管是哪种类型，核心是最好在某个职能方面强化自己，让自己走得更远。能够让自己走得更远的方法就是“匠人精神”，树立自己的“微品牌”。因为即使再小的个体，也是一个品牌，至于做什么，你可以往这个方向想，那需要“自身特点 + 传播 + 坚持”。

对广大农民来说，“微而美”是其创业的有效手段。如何做到“微而美”呢？核心就是“匠人精神”。何为匠人精神呢？有一流的心性，必有一流的技术。日本秋山木工的“匠人精神”，要求员工在进入职场前，必须具备 30 条法则，具体包括：

1. 先学会打招呼；
2. 先学会联络、报告、协商；
3. 先是一个开朗的人；
4. 成为不会让周围的人变焦躁的人；
5. 要能够正确听懂别人说的话；
6. 先是和蔼可亲、好相处的人；
7. 成为有责任的人；
8. 成为能够好好回应的人；
9. 成为能为他人着想的人；
10. 成为“爱管闲事”的人；
11. 成为执着的人；
12. 成为有时间观念的人；
13. 成为随时准备好工具的人；
14. 成为很会打扫整理的人；
15. 成为明白立场明白自身立场的人；
16. 成为能够积极思考的人；

17.成为懂得感恩的人；

18.成为注重仪表的人；

19.成为乐于助人的人；

20.成为能够熟练使用工具的人；

21.成为能够做好自我介绍的人；

22.成为能够拥有“自豪”的人；

23.成为能够好好发表意见的人；

24.成为勤写书信的人；

25.成为乐意打扫厕所的人；

26.成为善于打电话的人；

27.成为花钱谨慎的人；

28.成为吃饭快速的人；

29.成为“会打算盘”的人；

30.成为能够撰写简要工作报告的人。[1]

30条要求告诉我们，人品比技术更重要，在培养技术之前，需要培养自己能够成为“匠人”的品质，才能养成对手艺和事业精益求精的精神。

[1] [日]秋山利辉：匠人精神：一流人才育成的30条法则，中信出版社，2015。

Chapter 5
第五章

广阔天地大有可为

在新时代，以精准扶贫和乡村振兴战略为着力点的农村正在如火如荼地发展。这为农民创业带来了新的机遇，广阔天地大有可为。更多困难群众用上了互联网，更多农产品通过互联网走出乡村，农民逐步摆脱贫穷，走上了致富路。

作为土生土长的农村本地人，对农村的了解要比城里人对农村的了解更透彻，更易融入农村社会，也容易构建自己的关系网和共同体。在社会主义新时代，以精准扶贫和乡村振兴战略为着力点的农村正在如火如荼地发展。这些为农民创业带来了新的机遇，在新时代，在国家致力于城乡一体化发展的蓝图中，广阔天地大有可为。

一、对接精准扶贫：广阔天地大有可为

2015 年 6 月，习近平总书记提出了精准扶贫战略。随后，一系列的产业扶贫模式、扶贫就业模式为扶贫创业的发展提供了有利条件。特别是随着“互联网 + ”上升为国家战略，“互联网 + 精准扶贫”成为贫困地区发展后发赶超的重要抓手。面对“全面建成小康社会，一个都不能少”的庄严承诺，面对党的十九大提出的“确保到 2020 年我国现行标准下农村贫困人口实现脱贫”新部署新要求，如何利用“创业 + 精准扶贫”加快弥合收入差距鸿沟，共享改革发展的红利，成为各级政府和广大群众共同追求的目标。

（一）精准扶贫与返乡创业者

根据“大众创业、万众创新”号召，积极推进返乡农民工创业，充分调动返乡农民工的积极因素，使其在产业扶贫中起到带头示范作用。他们中很大一部分人回乡创业，成为产业大户、合作社带头人，在农产品的生产、销售中，带动了其他散户，也解决了部分农村劳动力的就地就业问题。因此，应该充分挖掘返乡农民工自身的优势，使其成为农村的致富带头人和精准扶贫示范人。

返乡创业者参与“精准扶贫”有着天然的独特优势。首先，返乡创业人员在外务工多年，有一定的经济基础，并在外开阔了视野，获得知识，提升了致富能力；其次，返乡创业人员对家乡有着独特的乡情，同等条件下投身于家乡事业发展更有激情，发展家乡建设更有热情；再次，返乡创业人员熟悉当地的风土人情与自然条件，能因地制宜干事创业，降低创业风险；最后，返乡创业人员在本地土生土长，有着广泛的人脉资源，更能得到乡亲们的信任与支持。

“精准扶贫”需要解决的是人和资金的问题，积极吸引外出务工人员返乡创业，既能解决优秀人才的问题，也能解决资金缺口的问题，还能化解农村务工人员家庭与工作的矛盾。“精准扶贫”深挖返乡创业者是一劳永逸的良方。

江西省安义县的刘某2012年大学毕业，在浙江嘉兴当快递小哥，风里来雨里去，每月赚3000块钱。打工没奔头，便回家开淘宝店，收购冬笋春笋和其他土特产品，生意不错。尝到了创业甜头，他于2016年2月率先入驻唯康电子商务产业园，免费使用60平方米的店铺。经过一年发展，2016年网店营业额突破200万元，净利润达30万元。创业需要热情，还要紧跟市场动脑筋。

乐安县湖溪乡东堆村小伙朱某与别人不同，在外打工10多年后，回乡搞起了特色珍禽养殖；他还发起成立合作社，带动周边贫困乡亲创业脱贫。

确实，在精准扶贫中，大量需要返乡创业的农民工。农民在精准扶贫攻坚战中有许多创业空间和机遇。

学水产养殖的江西人朱某，毕业后在广东一家玻璃厂打工，说来别人不信，当时每个月赚不到500元。在外多年，他发现沿海地区对珍禽野味有很强的需求，这里头有商机。2011年3月，他决定返乡创业。一边学习一边试水，2014年在林业局申请了“野生动物驯养许可证”，利用家里20多亩水田和山林打造珍禽养殖基地。如今他处在创业初期，基地有10多个养殖棚，小鸵鸟、大雁、野鸭子、孔雀、山鸡和贵妃鸡等禽类近5000只。2016年9月，他接到来自安徽安庆的一笔订单，500只大雁卖了10万元；2016年，基地野鸭销量达2000只，销售额超过30万元，仅这一项纯收入就有10万元左右。目前，他把17户贫困户纳入合作社，免费提供禽类种苗和养殖技术，待禽类上市他直接出钱收购。他的老乡刘某是个典型的贫困户，俩孩子上大学，妻子身体不好，经济十分拮据。通过养殖大雁，他每年可以增收8000多元。

1. 精准扶贫攻坚战对返乡创业农民工的需求

根据西安交通大学精准扶贫课题组对陕西省安康市平利县精准扶贫调研，发现该地精准扶贫的一个显著特征是将返乡创业农民工与精准扶贫结合起来，在扶贫领域的攻坚克难上发挥了不小的作用。下面就这次调研的一些具体实例进行描述，增强读者的感性认识。

（1）充实了扶贫攻坚战的领导者

西安交通大学精准扶贫课题组调研的双杨村这个贫困村，推行能人治村。换届选举的村支书是全县首富。早年在外承包铁矿，资产过亿。扶贫的人事安排充分考虑各级干部在精准扶贫中的社会资本。该村支书告诉大家："我是 2015 年 3 月份回来的。我初中毕业后就去打工。开始搞过建筑，在广东电子厂做过工。打了两年工后，到 1986 年出去做矿，在河北邯郸开矿。那时改革开放，带了一帮人开铁矿，开始给老板打工，干了一年后，自己承包了老板的矿，在河北干到了 2001 年。那时效益好，一年十几万。一个矿 40—50 人，我有十几个矿。后来河北的矿关闭，老板去安徽，我也跟着老板去安徽，一直干到 2014 年。我在安徽承包了 6 个矿，那时效益低，每年收入 10 万—100 万元不等。我承包的 6 个矿，一个矿 200 多人，基本上 70% 是双杨村的人。在河北时，80% 是双杨村的人。去年（2015）并村，原来村里的老干部退了，这个村是贫困村，长安镇的领导来找我，让我来村里当干部。在扶贫中，主要是通过产业扶贫。"双杨村的村支书，原来在外地承包矿的时候，村里就有很多人跟着他在外面承包矿，现在，村支书回来了，原来那些承包矿的小老板也跟着回来，在村里搞产业，成了搞活农村经济的带头人和排头兵。

（2）"X+ 贫困户"的脱贫模式需求

村里针对不同的扶贫路径，采取不同的"+ 贫困户"模式，我们在此将其归纳为"X+ 贫困户"模式，具体如下。在扩大就业上，结合发展产业、兴办企业提供就业岗位，把贫困户的人力资源和生产资料利用起来，积极推进"景区 + 农户""园区 + 农户""企业 + 农户""大户 + 农户"带动就业的脱贫模式。在产业脱贫上，通过"政府（供销社）+ 龙头企业 + 合作社 + 贫困户"的产业脱贫模式。课题组调查的双杨村，村里目前有大户 20 多户，一些贫困户跟着打工，一人一个月能赚 1500—1600 元，干得多的能赚 3000 多元。吸引劳动力多的是绞股蓝产业，绞股蓝的采摘期从每年 3 月到 9 月，有半年的采摘期。一个女的，六七十岁，也能采茶。干得好的一天能采 20 斤绞股蓝，人工费 4 元每斤，一天能赚 80 元。在茶叶园区，干得好的一天能赚 80—100 元。

（3）农村基础设施建设需求

村里在道路建设、基础设施建设、安全饮水和信息化工程方面主要投资约 2029.6 万元。其中道路建设方面，一是新修三星寨高山经济园区道路砂石路 29 公里，硬化 4 公里。二是硬化东河娃娃鱼养殖道路 3.5 公里。三是新修南沟砂石路 3 公里。基础设施建设方面，新建便民桥 7 座，农田灌溉堰道 2000 米，河堤工程 7000 米，农村环境治理 2 处，安装路灯 60 盏。

（4）壮大产业促就业

村里投资 400 万元，规划建设“三星寨万亩山林经济园区”，按照“浅山绿茶绞股蓝、高山干果加养殖”进行产业布局。通过“龙头企业 + 贫困户”“园区 + 贫困户”的模式，带动双杨村就近就业 300 人。

（5）消除返乡农民工的创业行为中的“等、靠、要”思想

消除返乡农民创业行为中的“等、靠、要”思想，就要以能力扶贫为依托，增加贫困户的人力资本。即要以科学脱贫为核心，解放思想，以观念脱贫为动力，从根本上改变知识贫困、文化贫困的现状。除此之外，还需构建精准脱贫的文化认同机制，在宣传中除了宣传扶贫攻坚战的重要性和各级政府的责任外，在精准扶贫的具体实施阶段，还应该着重宣传贫困户脱贫自身能力建设的重要意义。

2. 返乡创业农民工是农村摆脱贫困的重要人力资源

（1）返乡创业农民工成为农村土地流转的主要实践者

在调查地双杨村，大量返乡创业的农民工需要成片耕地、山林发展产业。村支书说：“主要是通过土地流动，找老板投资。原来跟我一块干的，许多成为大户，土地流转给大户。村里目前有大户 20 多户，一些贫困户跟着打工，一人一个月能赚 1500—1600 元，干得

多的能赚 3000 多元。村里的养殖主要包括小龙虾、牛、羊和猪。”

（2）返乡创业农民工是精准扶贫中的带头示范人

双杨村一位返乡农民工告诉我们：“我 15 岁开始去河北铁矿上打工，17 岁开始去河南铁矿上打工，老板是湖北人。1998 年去河北邯郸铁矿上打工。后来去河北承德承包铁矿，亏了，回老家。2014 年种绞股蓝，种了 32 亩。另外投资了 15 万元，种了 60 多亩的大葱，5 月底下的种子，9 月收。卖到县城批发市场，卖到 2 元一斤，就能赚到钱。一亩大概能产 8000 斤。贫困户愿意在我地里做的都可以做，双杨村有 14—15 户人在我地上干。比如，我让人在我地里放葱苗，这个活不重，有的年纪大的都可以干。”

（3）返乡创业农民工有反哺农村的内生动力

连在县城做生意的双杨村人林某看到四川、陕西宝鸡等地有人从事羚麝养殖，也有养殖羚麝的想法，他说：“我是因为老家在双杨村，父母是双杨村的，借助村里扶贫攻坚战，想为村里做点事，我对这里是有感情的。现在修路投资了 20 万元，村里投了 30 万—40 万元，总共要投资 70 多万元。现在还有一段路在修。养殖场现在有低压电，后期需要高压电。那里手机信号不好，座机还可以。准备把养殖场建厂公司，主要搞养殖和种植，规划固定人员 80 人左右。本地人优先。我平常住在县城。村里人口流失严重，没有带头人，大家对回乡发展有疑虑。现在外面经济不景气，大家都是带着家乡情结回来的。这里土地资源贫乏，大部分是林地，发展受限。目前投入了 300 多万元，种苗一只 10 万元，首期准备购买 50 只。聘请陕西省动物研究所的专家进行技术指导。专家费用是一个月 6000—8000 元，需要聘请两个专家。村里的扶贫工作，村上领导比较重视，比起其他村，有比较大的改变。村里书记邀请大家，大家就回来了。我的户口已经迁出去了，现在回来就是想为家里做点事，因地制宜地发展一些项目，进行公司化运作，带头养，以后做好了，可以采取‘公司 + 农户’的做法，自己收购。山区的气候适合养羚麝，村里、县里都比较扶持，在办手续上给予支持，我是平利县第一家办羚麝养殖的公司，注册资金 2000 万元，一般 5 年缴清即可。现在钢材贸易行情不好，业绩比较平稳，一辈子做贸易，对父母资源是一种浪费，在老家轻车熟路，做事比较方便。”

对劳动力输出大省来说，促进返乡农民工创业与精准扶贫的有机结合是合理利用人力资本，促进早日脱贫的有效举措。农民工返乡原因各异，除临时回家、子女教育等因素，回乡就业是重要原因。当前，许多县城建立的工业园区和开发区，为农民工返乡就业提供了较好的条件和机会。而随着家乡就业环境的改善、就业机会的增加以及就业收入的提高，外出农民工返回就地就近就业渐成趋势。

有不少返乡人员从外省回到家乡后，继续在省内其他地方从业；有部分人员因地制宜开始创业，以本地优势农产品和当地自然资源为依托从事养殖业及种植业。

陕西秦巴山区与许多贫困地区的共同点是远离发达地区，自然地理环境恶劣、基础设施不完善、交通不便利、经济结构单一，农业发展延伸困难，总体经济效益低下。因此，在精准扶贫的实施阶段，陕西省的扶贫措施对扶贫工作有启示作用。

（二）精准扶贫与农村电商发展

得益于近年来全国大力推进的农村电商等工程，多地采取了许多切实有效的举措，使得贫困发生率下降到了 4%，更多困难群众用上了互联网，更多农产品通过互联网走出乡村，农民逐步摆脱贫穷，走上了致富路。互联网企业发挥自身优势助力精准扶贫，彰显了我国互联网企业的社会责任。

1. 阿里巴巴打造“互联网 +”精准扶贫新模式

截至 2017 年，过去 5 年，在全社会的共同参与下，6000 多万贫困人口稳定脱贫，其中民营企业被认为是扶贫工作中的重要力量之一。2017 年 12 月 1 日，阿里巴巴合伙人集体公开亮相，阿里巴巴集团董事局主席马云在会上宣布：脱贫工作已成为阿里巴巴的战略性业务，未来 5 年，将投入 100 亿元到这项业务中，探索出“互联网 + 脱贫”的新模式。仅 2016 年，有 832 个国家级贫困县在阿里零售平台上完成了 292 亿元的销售。

在中国互联网企业中，阿里巴巴成为第一家把脱贫当作战略业务的公司。这一方面是因为阿里巴巴是互联网公司中跟实体经济联系最密切公司之一，同时也归因于阿里巴巴多年来在扶贫领域的积累。自 2005 年帮助一位身处困境的淘宝店店主，并随后与其共同发起成立帮助困难母亲创业的“魔豆宝宝爱心工程”开始，阿里巴巴在不断推出的扶贫项目中逐渐确立了自己的扶贫观：不只是授人以鱼，还要授人以渔。

比如农村淘宝通过供应链改造，成功帮助浙江省对口援助的新疆阿克苏地区，将其特产 18 度甜苹果卖出大山，创造了 12 小时卖出 170 万斤的纪录，走通了一条农产品精准扶贫路。这样的案例在阿里巴巴比比皆是。将商业和技术的力量合一，实现了扶贫的精准、透明和可持续。

2. 精准扶贫打上“苏宁定制”烙印，苏宁点面结合彰显社会责任

苏宁早就开始了贫困地区人才建设的实践，累计培训农村电商人才 1.5 万余人次，打造“双创与返乡青年等电商示范项目”。这还只是苏宁近年来精准扶贫工作的一小部分，为了响应国家“深入贯彻落实精准扶贫政策”的精神，苏宁已经帮助多个扶贫产品实现畅销，并且还准备在资金、基地建设等各个方面服务好扶贫工作。

从人才培养到扶贫产品销售，“苏宁定制”在精准扶贫的道路上越走越宽，工作越做越实。苏宁制定了品牌塑造和人才培养的双向计划。一方面针对农村“地域广阔、分布较散、运量不大”的特点，苏宁依托自身特有的渠道优势挖掘贫困县、贫困村、贫困户的特色农副产品，协助贫困地区打造“特产基地”和“电商产品示范基地”，建立苏宁易购大聚惠与农产品众筹常年直采基地，帮助他们卖出好价钱，卖出品牌；另一方面，苏宁将有针对性地开展定点电子商务培训，打造“双创与返乡青年等电商示范项目”，通过电商培训，令贫困地区人民能够跟上电商发展速度、实现创富增收。

苏宁参与精准扶贫要从一枚“爱心鸡蛋”说起。

从2017年初，受产能周期性扩展等因素影响，我国鸡蛋价格大幅下跌。数据统计显示，2017年5月中旬，国内500个集贸市场的鸡蛋零售均价同比跌25%，较2014年高点跌34%，创2017年以来新低。鸡蛋滞销直接影响到了蛋农的收入，尤其是贫困地区鸡蛋价格下降较大，受到政府部门和媒体的关注。2017年6月29日，在商务部的号召下，苏宁集团迅速开展了“爱心鸡蛋、精准扶贫”专项促销行动，利用其线上线下的平台优势，整合资源，拓宽销售渠道，帮助蛋农卖出合理价格。

苏宁首先组建了一支专业队伍，包含中华特色馆、大聚惠、品牌部、苏宁超市、农村电商公司、公共事务中心等部门，从食品安全、现场办公、包装运输、活动策划、资源匹配、媒体宣传等多方面开展工作。同时，苏宁派考察组赶赴贵州咸宁县石门乡、水城县营盘乡、晴隆县三宝乡等三个贫困乡镇，考察、走访、座谈，现场办公了解鸡蛋滞销情况，探讨建立“电商精准扶贫的长效机制”。

在这一扶贫项目中，苏宁线上线下双线联动，线下苏宁超市、苏宁易购直营店齐上阵，线上苏宁易购平台开辟“爱心鸡蛋”销售专区，解决固始、青阳、武平、睢宁、宿迁等 13 个国家级贫困县的近 800 户农户的“卖蛋难”问题。

仅仅一个星期的时间，苏宁易购线上累计售出近 29 万枚鸡蛋，累计销售 53.9362 万元，苏宁不仅卖出了好的量，还卖出了好的价格，帮助农民实现增收致富。

“特别定制”车厘子是苏宁践行精准扶贫的另一生动案例。

除此之外，苏宁还积极探讨众筹、预售等方式，构建电商精准扶贫的长效机制。每年到了四五月时，红彤彤的车厘子就挂满了贫困县——四川省雅安市汉源县的车厘子树上。车厘子含铁量特别高，位于各种水果之首。常食车厘子可补充体内对铁元素的需求，促进血红蛋白再生，既可防治缺铁性贫血，又可增强体质、健脑益智。

然而由于车厘子娇嫩，不易保存，无法像苹果等其他水果那样经受得起长途跋涉，以前非产地的消费者如果想吃到新鲜的车厘子非常困难。此外，由于汉源当地道路崎岖，果农每年在车厘子收获时节都苦于缺少便利运输，再加上当地市场容量有限，产品也无法快速地完成销售，这给果农造成了收益上的巨大损失。

针对这些问题，苏宁 2015 年主动帮助当地开展营销策划，并创新性地将当地车厘子产品在成熟期的前一个月提前上线苏宁众筹平台。

结果显示，苏宁此次创新性的“特别定制”为果农提前带来了增收的保障：认筹活动在仅仅 145 分钟内就超过 5 万元；当天认筹规模超过 11 万元，相当于帮助果农卖出至少 500 棵树的车厘子。

事实上，在单个扶贫产品的销售上，上述这样一套完善的“调研考察—线上线下售卖—探讨长效机制”的“专业定制”流程，苏宁已经得心应手。可参考的案例还包括古丈悬崖蜂蜜、湘西十八洞村鸡蛋、砀山梨、剑河小香鸡等精准扶贫案例。

而依托苏宁金融的大平台，苏宁还将惠农贷、供应链金融、农产品众筹、消费宝等产品渠道下沉，业务范围由信贷逐步扩大至以支付为核心，涵盖理财、众筹、保险等非信贷金融产品，最终实现惠普金融，为广大农村客户提供便捷的金融服务。

根据苏宁金融方面制定的政策，其将为贫困地区支柱产业企业及电商企业提供金融服务，并对符合条件与要求的种养殖农户、合作社、创业青年等提供农村贷款支持。预计 5 年内，苏宁农村金融在全国市场通过多种方式投放涉农贷款将达 10 亿元左右。

苏宁还创新性地提出微型工厂概念。主要是将贫困地区的农特产品、手工艺品的生产流程进行科学、合理、规范地分解，使之既保持原汁原味的农特产品、手工艺品属性，又符合商品流通的规范性，同时提高农民单位时间的劳动生产率。通过将生产出来的产品对接广大的电商市场，缩短土地和市场的距离，提高农产品的附加值，促进农民增收。

在苏宁云商新近披露的 2017 年上半年业绩快报中，苏宁易购直营店的数量已经达到了 2079 家。苏宁农村直营店建设情况呈现一片良好的趋势，苏宁易购服务站直营店的快速建设，覆盖大部分三、四级市场；同时，苏宁直营店在农村的建设也吸引了大批外地务工人员的回潮。目前，苏宁云商对农村市场的布局已呈网格状，正在向更细微的区域划分渗透。苏宁开展的电商扶贫“双百示范行动”，截至 2016 年 6 月，在国家级贫困县已经建立 247 家“O2O 特色馆”，精准扶贫到贫困村和贫困户的村级加盟服务站 685 个，同时协助贫困县政府培育更多农村电商人才，设乡村联络员岗位 1030 名。

农村电商不仅仅要将电商下放至农村进行商品销售和服务，更重要的是将农产品、农副产品上行至城市，加快农副产品的销售，真正解决农家难题，便利农民的日常生活。

换句话说，路边瓜农果农产品滞销、山里的蜜蜂没有销售渠道等新闻反映出的社会问题，将在不远的将来通过苏宁物流平台的持续建设得以解决。苏宁对服务站加盟店的全程管理和为消费者提供无差别的商品及服务，将会让农村的发展再上一个台阶，拉近城乡距离。

遍及城乡的门店网络将苏宁的产品和服务直达市场最底层，运用平台的力量一举推进地方经济的发展。在提高财政收入的同时，也在渐渐改变农村市场固有的服务印象。苏宁易购直营店因地制宜，以升级体验式服务深度挖掘农户需求，并在执行过程中大量培养农村电商人才，苏宁物流、苏宁售后、苏宁金融及各大产业链环节吸引了大量的青年回乡就业创业。

从线上平台的规模化运营、物流再到农村直营店规划，苏宁的O2O 布局为农村加入电商社会注入了强效的催化剂，下一个目标会是什么？不管是什么，从苏宁往常谦虚低调的执行作风来看，都将会是推动社会进步、不忘初心的利民事业。

3. 唯品会爱心售卖奉节脐橙

2017 年 12 月 25 日，唯品会唯品生活频道上线“美味求真之奉节脐橙”电商扶贫专场，售卖中国地理标志产品——重庆奉节特产脐橙。奉节所产脐橙脆嫩无籽，清甜易剥，汁多爽口。唯品会通过提供成熟的电商运营及流量，带动奇峰村、竹坪村、袁梁村等贫困村的贫困户持续增收，落实精准扶贫。

爱心售卖奉节脐橙，帮助奉节贫困果农实现增收。唯品生活本次上线的“美味求真奉节脐橙”，来自奉节三峡库区，当地具有冬暖、少雾、长日照的立体气候，让脐橙鲜甜而紧实，接近积雪线下的斜坡逆温层，难得的中等空气相对湿度，让脐橙得以味香、汁多。然而奉节是国家级贫困县，由于常年的交通不畅、信息闭塞，过去果农只能依赖水果贩子上门收购，销售渠道缺失让果民增收十分困难，农村青年外出打工的状况十分普遍，空壳村、空心村现象随处可见。

为了帮助果农持续增收，唯品会“美味求真之奉节脐橙”电商扶贫专场售出的每一箱脐橙，都将给当地农民带来持续收入，同时能打通种植、分选、包装、运输等多个环节，刺激更多的就业岗位增长，为贫困人口实现产业脱贫增添一分力量。

为积极发挥电商与物流优势，加深产销对接，整合多样化的营销渠道，2017 年 12 月 15 日，唯品会与奉节县政府签署战略合作协议，畅通物流、销售通道，为果农、经销商提供优质平台，持续推动奉节脐橙产业不断发展，助力其打造现代农业发展典范。此次唯品会奉节脐橙专场上线，将帮助奉节脐橙通过“互联网 + 精准扶贫”有效对接市场与消费者，在为贫困农户持续增收的同时推动脐橙的品牌化、市场化。2017 年，唯品会积极响应和落实国家精准扶贫的政策，开通电商扶贫频道，帮助贫困地区群众组织生产，免费提供质检、设计、运营、物流等。

唯品会电商扶贫频道现已成功推出了青海土族盘绣、云南白族扎染等非物质文化遗产系列产品，还推出了湖南花垣县天然优质手作农产品等，让流传百年的传统文化和用心做出的产品走出大山，让贫困群众在“家门口”也能赚到钱。此外，唯品会在整个帮扶链条上，倡导“消费即扶贫”的爱心善举，每一次购买都是 3 亿会员用户对贫困生产者的支持和认可，让会员在体验“唯美有爱”品质生活的同时，贡献力量参与到精准扶贫中，促进精准扶贫的可持续发展。

在另一方面，互联网经济发展使得商业组织形式发生了变化，电子商务的出现改变了农村的消费和生产活动。根据商务部的数据统计，2016 年我国农村网络零售达 8945 亿元，电子商务已经被广大的农村居民所接受，并且解放了农村的购买力，而同时涉农电子商务在农村快速发展，也成为农民工创业的重要选择。相比传统的商业组织形式，电子商务具备一些新的特点，从多个方面影响了返乡农民工的创业活动。

电子商务可以降低农民工创业的门槛。其与传统商业模式的一个显著的不同在于初期需要投入的固定成本远远低于传统商业。创业者只需要一台电脑一根网线就可以接入在线市场，而且在线市场的交易手续费相对来说也更低。而农民工群体往往并不具备很强的经济实力，在创业中无法进入高门槛的行业和市场，因此利用电子商务进行创业对于农民工而言有可行性和吸引力。

电子商务可以帮助农民工聚集需求。农民工创业往往会立足于本地区特色产品，这些商品往往是农产品和手工艺品。而对于这些特色产品的需求往往特定性强，是小批量且零散的。在过去，针对这一市场，农民很难通过自身的力量开拓市场、聚集起庞大的需求，因此商品销量的有限也就造成了生产上的规模不经济。而电子商务平台可以突破地理上的限制，在网络上将全国范围内对单一产品的需求都聚集起来。而创业者可以根据这些需求因地制宜，扩大生产规模，从而利用规模经济降低生产成本，提高竞争力。

电子商务可以增加农民工的价值分配。过去由于供需双方对接渠道有限，农产品和手工艺品的销售往往要经过一条非常长的流通环节才可以最终到达消费者手中。农村居民由于缺少市场渠道，一般都直接将商品出售给中间批发商。经过层层的流通，商品最终创造的市场价值中的绝大部分会被中间商获取，而农民最终仅能获取小部分的收入。电子商务的交易模式可以将生产者和消费者通过在线交易平台直接联系起来，减少了中间商的接入，大大缩短了流通过程。而在消费者享受到更加优质且低价的产品同时，农民工作为生产者亦能在创业过程中获取到大部分利润。

图 10　农村电子商务体验店

因此，通过降低准入门槛、聚集有效需求、减少流通环节，电子商务的出现将农村接入了城市，形成了互联互通，而农民工也在更大程度上享受了其所创造的价值，展现出了互联网经济对农民工这样一个在创业初期资金薄弱、能力不强的群体的包容性，用一个创新的交易方式提升了农民工参与价值创造和价值获取中的公平性。

正因为互联网经济的包容性，越来越多的农民工开始借助电子商务平台展开创业，农民工的创业活动和过去相比有了显著的变化。在过去，农民工创业的首要决定因素就是资金。没有在城市积累的资本，农民工根本无法在创业之初采购生产资料、开拓市场，创业也就无从谈起。但目前在互联网经济和“大众创业、万众创新”的大背景下，一方面农村的融资渠道变得多元化，在国家政策的指导下，返乡农民工创业可以获得众多的政策支持。在 2016 年，国家发改委与阿里巴巴签订了《结合返乡创业试点发展农村电商战略合作协议》，在农村大力建设电商服务中心，更将蚂蚁金服和网上银行推向农村，通过创新的金融服务为农民工创业的融资问题提出新的解决办法。而在另一方面，电子商务这一新的商业形式显著地降低了农民工创业的资金门槛。在上述两个方面的力量作用下，农民工创业对于资金的依赖程度被大大地降低了。

二、乡村振兴：广阔天地大有可为

乡村振兴战略是党的十九大报告中提出来的针对农村发展的国家战略。加强农村基层工作，培养造就一支懂农业、爱农村、爱农民的“三农”工作队伍。中央农村工作会议提出了实施乡村振兴战略的目标任务和基本原则。按照党的十九大提出的决胜全面建成小康社会、分两个阶段实现第二个百年奋斗目标的战略安排，明确实施乡村振兴战略的目标任务是：到 2020 年，乡村振兴取得重要进展，制度框架和政策体系基本形成；到 2035 年，乡村振兴取得决定性进展，农业农村现代化基本实现；到 2050 年，乡村全面振兴，农业强、农村美、农民富全面实现。城乡发展不平衡、农村发展不充分，是新时代我国社会主要矛盾的突出表现，必须解决好。聚焦农民问题一定要聚焦新型农业经营主体，包括各类企业，要帮助普通农民实现和市场的对接，要让农民在现代农业过程中有获得感，重塑城乡关系等成为重点。

在全面建成小康社会的决胜阶段，党的十九大明确提出实施乡村振兴战略，强调要支持和鼓励农民就业创业，促进农民工多渠道就业创业。实施乡村振兴战略是新时代解决我国“三农”问题的重大战略举措，更是加快推进农村现代化，推进城乡统筹一体化和包容性发展的有力抓手。在国家实施乡村振兴战略背景下，实现农民返乡创业与乡村振兴的双向互动机制有着重要意义。在乡村振兴战略提出之后的一段时间内，将会有一系列振兴乡村的政策出台，下面就是促进农业产业化联合体发展的政策。

为贯彻落实2018年中央一号文件和农业部、财政部等六部门联合下发的《关于促进农业产业化联合体发展的指导意见》(农经发〔2017〕9号)，培育发展农业产业化联合体，构建现代农业产业体系、生产体系、经营体系，引导小农户和现代农业发展有机衔接，推动实施乡村振兴战略，农业部、国家农业综合开发办公室、中国农业银行决定开展农业产业化联合体支持政策创新试点工作，出台了《关于开展农业产业化联合体支持政策创新试点工作的通知》(农办经〔2018〕3号)，具体内容如下。

一、试点任务和范围

各级农业产业化主管部门、农业综合开发机构、农业银行要大力扶持农业产业化联合体发展，把农业产业化联合体内符合政策要求的农业产业化龙头企业、农民合作社、家庭农场等新型农业经营主体列为重点支持对象。农业产业化主管部门要完善农业产业化联席会议制度，牵头开展农业产业化联合体示范创建，建立和发布农业产业化联合体名录，提炼总结典型，广泛宣传推介，引导现有农业产业化支持政策向符合条件的农业产业化联合体倾斜。农业综合开发机构要支持农业产业化联合体成员申报产业化发展项目，给予贷款贴息、财政补助、股权投资等支持。农业银行要为农业产业化联合体成员积极提供贷款融资等金融服务。2018年，选择河北、内蒙古、安徽、河南、海南、宁夏、新疆等省(区)作为试点省份，2019—2022年，将根据情况积极扩大试点省份范围。

二、支持方向和措施

试点省份每年安排一定数量的农业综合开发项目扶持当地农业产业化联合体发展，支持农业产业化联合体成员发挥优势、互补共赢。

对龙头企业重点支持其发展农产品加工、冷链、物流和其他新业态；对农民合作社重点支持其提升农业服务能力、带动农户发展能力，实施农业标准化生产；对家庭农场重点支持其提升农业专业化、标准化、规模化、集约化生产水平。对于农业产业化联合体成员开展高效农业种养基地建设、农业新技术和新品种引进与推广、农产品加工、农业废弃物资源化利用等方面的项目要加大支持力度，补齐农业产业链条短板，建立利益联结机制，促进全产业链和价值链建设。农业综合开发产业化发展项目对农业产业化联合体成员获得符合相关政策要求的贷款，优先安排贴息。

农业银行各分支机构支持农业产业化联合体成员通过增信、担保等方式申请生产经营贷款，贷款利率原则上执行中国人民银行同期同档次基准利率，并允许根据市场情况适当上下浮动，比例一般不超过5%。加强银政合作，推进抵押担保方式创新，有效解决抵押担保难问题，对于农业产业化联合体融资需求，农业银行优先调查、优先审贷、优先安排信贷规模。对于纳入农业综合开发产业化发展项目贴息支持范围的，农业银行优先放贷。

各级农业产业化主管部门要把发展农业产业化联合体作为当前和今后一个时期的重要工作抓手，摆到突出位置，安排或争取资金，会同当地有关部门、农业产业化联合体成员等共同出资建立农业产业化增信机制。对于与农业银行合作建立增信机制的，原则上按照存放在农业银行资金额度的10倍对农业产业化联合体成员进行放贷。对为农业产业化联合体成员提供贷款担保的龙头企业，农业产业化主管部门可采取以奖代补方式给予支持。地方可结合本地实际，将现有支持龙头企业、农民合作社、家庭农场发展的农村一二三产业融合等项目资金向符合条件的农业产业化联合体成员适当倾斜。

农业综合开发出资的财政股权投资基金、农业银行出资的各类产业投资基金要坚持政府引导与市场运作结合，在农业产业化联合体成员中积极筛选符合条件的项目进行投资，进一步引导各类社会资本、金融资本加大投入，为农业产业化联合体发展提供资金支持，并帮助农业产业化联合体成员建立产权清晰、股权合理、治理健全的机制。

三、建立合作机制

农业部农业产业化办公室、国家农业综合开发办公室、中国农业银行加强规划编制、政策制定、情况通报、理论研讨、工作调研等合作，共同协商安排支持农业产业化联合体事宜，明确支持方向和申报要求等。省级农业产业化主管部门向省级农业综合开发机构、农业银行分行报送运行效果较好的农业产业化联合体及其成员名单，推荐相关主体申报农业综合开发产业化发展项目和银行贷款项目等，共同商定相关主体支持方向和具体工作。

四、试点工作要求

每年3月底前，试点省份省级农业产业化主管部门会同省级农业综合开发机构、农业银行分行向农业部农业产业化办公室、国家农业综合开发办公室、农业银行总行报送试点方案，当年9月底前报送中期进展情况，次年1月底前报送上一年试点总结，包括农业产业化联合体发展情况、政策支持情况和典型案例，并强化对支持农业产业化联合体成效的总结宣传。省级农业产业化主管部门、农业综合开发机构、农业银行分行要加强项目监督管理，确保支持农业产业化联合体取得实效。[1]

---

[1] 农业部办公厅、国家农业综合开发办公室、中国农业银行办公室：《关于开展农业产业化联合体支持政策创新试点工作的通知》，http://nfb.mof.gov.cn/zhengwuxinxi/gongzuodongtai/201803/t20180308_2833057.html，2018-03-01。

农村改革是中国改革的起点，中国社会的发展在相当大的程度上取决于中国农村的发展，聚焦农民问题一定要聚焦新型农业经营主体，重塑城乡关系等成为重点。乡村具有一种以共生态势形成的持续性发展路径，乡村振兴的产业发展嵌入到乡村社会结构中形成一种共生关系。农民工返乡创业是全面建成小康社会、破解乡村“空心化”、脱贫减贫、实施乡村振兴战略、实现农业农村现代化及缩小区域和城乡差距的有力举措。农民工返乡创业通过产业不断扩展与乡村振兴的融合面，形成乡村振兴的“点—线—面”发展过程，通过双向互动机制，最终形成一种对称性互惠性共生发展格局。返乡农民工对乡村振兴的意义，学界已经达成共识，但关于具体的互动关系，还需进一步研究。特别是在乡村振兴战略下，城乡关系不断演变过程中研究二者之间的匹配机制、发展困境有重要的理论和应用价值。

（一）人力资本下乡与农创客

从资本下乡到能力下乡，彰显了互联网经济下农村创业的变迁。农民群体一直以来都是农村经济发展中重要的参与者，是农村创新创业的主力军。农民的创业行为与其在城市的务工息息相关，过去农村和城市之间薪资水平差异高，进城务工成为农民提高收入的主要手段，返乡农民工一般都能带回一定的资金。而在过去农村融资渠道少，普通农民很难通过融资获得创业的原始资金，农民在城市完成的资本原始积累可以帮助他们解决创业初期的资金问题。此外，一部分农民在城市务工的过程中技术能力和管理能力有了提升，或者是带回了销售渠道和市场信息，这都为返乡农民工的创业打下了良好的基础，而在打工期间积累下的人脉资源也能在农民工的创业过程中发挥重要作用。因此过去的研究往往认为农民工的外出打工行为虽然在一开始不是出于为之后的创业做准备，但却对农民工的返乡创业产生了积极的影响。

在此，除了农民群体外，一些具备专业知识的人才将创业投向农村，形成了农村创业的新现象。这里以浙江的“农创客”最为典型。下面我们介绍一下浙江等地的农创客们在乡村振兴中形成的一种模式。

在“现代性”和“工商资本下乡”等政策和经济要素的冲击下，传统村落何去何从，成为各界关注的话题。2018年中央一号文件强调，加快制定鼓励引导工商资本参与乡村振兴的指导意见。某种程度上，集体土地“三权分置”、允许经营权流转，也是希望工商资本为乡村振兴发挥杠杆作用。引导有实力的公司加入运作，既能利用农村闲置土地、整合农业生产要素，也有利于增加农民收入、加速脱贫步伐。笔者认为，在资本下乡中，人力资本下乡最难，但是对农村发展至关重要。如何吸引人力资本下乡，在浙江出现的“农创客”成为解决方法之一。

为吸引大学生从事现代农业，特别是把45周岁以下，有创意理念、创新精神、创业热情的投身现代农业创业的大学毕业生作为重点培育对象，浙江为他们起了一个新名字：农创客。浙江省杭州市富阳区东洲街道于2017年启动国内第一个农创客小镇，致力于成为一个有场地、有资源、有平台、有导师、有伙伴的全要素服务能力的农业众创空间，打造农业领域“创业苗圃＋孵化器＋加速器”的全程孵化链条。通过搭建平台、培育典型、加大宣传等多种途径，浙江省农业厅引导和培育了一批农创客投身现代农业，得到了浙江省领导的充分肯定和社会各界的高度关注，掀起了农业领域创业创新的热潮，“农创客”一词更是被写入了2017年浙江省政府工作报告。下面是一篇关于农创客的报道。

农创客成为技术改变农业的“新农民”。沈某毕业于中国科学院通信与信息系统专业，从事物联网研究和实践15年，是无锡物联网产业研究院的副院长。2016年，他回到家乡——浙江湖州市南浔区菱湖镇，创办了庆渔堂农业科技有限公司，开始以“农创客”的身份活跃在长三角渔业重镇的池塘边。

“庆渔堂”正在重塑渔业生态：以水产养殖为切入点，应用物联网运营服务模式，解决水产品供给侧矛盾突出、技术和模式落后、产业链信息孤岛化严重、环境污染、农药残留严重等核心问题，为养殖户创造财富，为消费者保障安全，为社会保护生态。在2017浙江农业博览会上，浙江省优秀“农创客”代表沈某展示了“物联网+生态渔业”创业项目。该项目获得了农业部举办的2017年全国农村创业创新项目创意大赛总决赛初创组银奖。

如今在浙江，和沈某一样的“农创客”超过1600名。他们懂农业、爱农村、爱农民，全心投入现代农业、农村生态、乡风文明等建设，逐渐壮大成为乡村振兴的“生力军”。新一代植保无人机、农业农村智慧云平台、智能交互云种植系统、连锁庄稼医院、青创农场……这些现代农业项目，都是农创客的创业作品。从事这一创业项目的农创客金某，在英国留学归国后选择投身农业，专攻名贵中药材品种选育、技术研究、现代化种植，并衍生至保健品精深加工与营销、休闲农业等。专业知识扎实、市场意识强烈、有一定工作阅历的农创客群体正在壮大，包括阿里、华为出来的专家和高管，北京大学在读博士等青年才俊。这些“新农民”善用技术改变农业，极大地推动了浙江现代农业发展。

农创客成为为农村注入活力的“年轻人”。80后小陈是法学科班出身，曾在上海一家金融机构就职8年、待遇丰厚，但2013年他不顾父母反对，毅然返乡投农，一路艰辛创出“水稻+水产+瓜果”的稻田立体生态循环种养新模式，实现了“百斤鱼、百斤瓜、百斤菱、千斤粮、万元钱”。不仅个人事业发展得好，小陈还成了当地“三农”发展的“领头羊”，他给老乡讲生态、支持农业转型，农民复制的稻田立体生态循环种养面积超过2万亩。农创客给浙江“三农”发展带来了新的能量和活力，他们注重以精细、生态、科学的生产过程来强化农产品的绿色安全，不仅影响和改变农村传统的生产方式，带动农民跟养跟种，也让更多农民分享二、三产的利润，带领农民走上了增收致富路。

在农创客带动下，浙江越来越多的年轻人选择返乡下乡创新创业，他们为乡村注入新活力，并在乡风文明、乡村治理等方面发挥积极作用。德清莫干山脚下的仙潭村曾是贫困村，村里1200多个劳动人口大都外出务工。在农创客示范带领下，仙潭村青壮年返乡创业近年形成趋势，2016年村里120个农家乐经营户接待了12.4万名游客，农民人均年收入达到32084元。

农创客成为驱动乡村振兴的“生力军”。浙江通过政策引导、搭建平台、培育典型、加大宣传等办法，培育壮大农创客队伍，成为驱动乡村振兴的“生力军”。“农创客”一词，还写入2017年浙江省政府工作报告。到2017年11月底，浙江全省农创客已经有1600余人，其中80后、90后占88%，本科及以上学历占56%，包括北大、清华、浙大等名校高才生65人，来自美国、英国、加拿大等海归18人。

为了更好地服务，浙江将建设农创客产业园，构建有场地、有资源、有平台、有导师、有伙伴的全要素服务能力的农业众创空间。未来三年内，杭州富阳区“农创客小镇”将打造成一个核心区1000亩、扩展区5000亩规模，集生态农业、智慧农业、创意农业于一体的农业科技创业孵化平台。浙江省农业厅组织农创客、农技专家、涉农高校、创投机构等主体，成立了浙江省农创客发展联合会，打造统一资源平台，目前会员113名，与恒丰银行杭州分行、浙江省农业区域合作促进会等金融、创投平台签订战略合作协议。[1]

与工商资本下乡所带来的政府效应相比，人力资本下乡对农村发展、乡村振兴的积极作用更明显。

（二）留住乡愁与乡村旅游

近几年乡村旅游如火如荼地进行，相对于一些大型的以宏大叙事为背景的旅游，乡村旅游恰恰弥补了其所呈现出来的“只见景不见人”的缺憾。乡村旅游让消费者能够体验乡村原生态生活状况，实现“又见景又见人”，真正留得住乡愁。

在重庆的农村，民宿、田园综合体等旅游新业态正在蓬勃兴起，创客、资本等各方力量正给农村注入源源不断的活力。随着乡村振兴战略的地位日益明确，乡村旅游正在发生着可喜的变化。针对乡村旅游投资和从业者最关注的土地供给问题，“行动方案”落实了乡村开发的用地政策。以长期租赁、先租后让、租让结合方式提供乡村旅游项目建设用地，鼓励农村集体用地以土地使用权入股、联营的方式与其他投资主体共同开发乡村旅游住宿、餐饮等服务设施。乡村旅游必将从低端走向高端、从廉价走向品质，在这片孕育着生机的山水间，还将萌生出更多新业态，涌现出更多新事物。[2]

---

[1] 方问禹：农创客：浙江乡村振兴的“生力军”，新华网，2017-11-26。

[2] 佘振芳，董进：村庄的另一种生长方式：创客上山资本下乡，华龙网，2017-11-30。

寻找乡愁，感受民俗，接触农民有温度的生活场景，这是现代都市人对乡村旅游的新需求。结合陕西省袁家村的经验和在全国各地考察乡村旅游的情况，本书认为严格意义上的乡村旅游要有这三个要素：第一，必须是在田野和农村；第二，必须有村庄；第三，更重要的，一定要有农民。有了这三个要素，城市人的乡村旅游体验就完全不一样。袁家村搞旅游把村子留下来了，也是全国唯一一个村景一体。

袁家村是陕西关中平原一个很小的村子，只有 62 户，不到 300 人。现在袁家村汇集了1000 多个创客，也就是有 1000 多人在袁家村投资、开店、做生意，吸纳了周边村民及外地 3000 多人就业。袁家村是靠自己发展起来的，由于袁家村乡村旅游的发展，周边 2 万多农民增加了收入，同时也帮政府创造了就业。袁家村有两个创举：一是开创了乡村旅游和特色小镇的商业模式，二是建立了解决“三农”问题、实现乡村振兴的组织模式。根据以佘振芳为组长的袁家村乡村旅游课题组的调查报告，总结了袁家村书记郭某做乡村旅游的经验，那就是目标很大、起点很低，他有个三步走的思路。

第一步就是“乡村旅游、留住乡愁”。2007 年的袁家村是东西一条街、南北两排房，当时在村里主要是老人、妇女和儿童。

袁家村就是在这样一个空心村里起步的，没有任何可以直接利用的实物性资源，哪怕有片小树林、有个娘娘庙让你看，也是一种资源，但是袁家村没有。而且由于袁家村在二十世纪八九十年代搞了好多村办企业、五小企业，这些企业倒闭后，村里到处是断垣残壁，显得更荒凉、萧条。

郭某发现了别人看不到的资源，就是村民的日常生活、乡村的传统习俗。当时叫民俗旅游，主题是“关中民俗、乡村生活”，实际上就是现在的乡村旅游。民俗就要做到它的原始、真实和活化。郭某做了一条老街，以关中传统老作坊为主，尽可能地找到它的原始形态，追求它的真实性，并尽可能活化，在100米长的一条街上聚集起六七个作坊，都在使用。油坊在榨油，醋坊在酿醋，磨盘在磨面，纺车在纺线，织布机游客可以上去体验。很多民俗村搞的是“墙画民俗”“雕塑民俗”和“展示民俗”，让人索然无味，毫无吸引力。

再一个就是乡村生活，现在乡村旅游把农民排除在外，基本上没有乡村生活了。没有乡村生活，城市人去体验什么呢？没有农民的话也就没有温度了，乡村生活真实的场景都看不见了。现在袁家村的村民全部参与到乡村旅游中，村里家家户户的门都是开着的，游客可以进到任何一个村民家里去，就算不是来消费的，用一下卫生间，拿个杯子加一杯水，在这儿坐一会儿，都没有问题。绝对不会发生不消费给脸看的情况。袁家村的景区特点，就是村景一体、全民参与。这一点说说容易，要做到太难了。

第二步叫“创意文化、休闲度假”。就是袁家村旅游升级和衍生品的发展。衍生品需要有一定的客流量，有了一定市场基础之后才能做起来。

2017年袁家村的一个重大转折，就是民宿客栈供需两旺、大幅度盈利。在整个袁家村的营收中，原来餐饮、作坊占比太大。现在总量没有下降，但占比在下降，就是因为村里民宿和新业态——包括酒吧街、艺术长廊等营收上来了。所以郭某认为未来的袁家村，这块的比例会进一步上升，一定会超过小吃。

第三步，“特色小镇、幸福家园”。更多的资本、人才进入，带来了更多新的要素和资源，袁家村得到一个总体的提升。2012年之后，袁家村变得更加多元化了。这个变化过程，有一点大家要注意，最早吸引游客来的核心价值是关中民俗和乡村生活，是一元的，不是今天的多元化景象。直到今天，袁家村本质上仍然是乡村的、村民的。如果多元化过程把你的核心淹没了，别人就不知道来看什么了。[1]

人力资本下乡、乡村旅游等乡村振兴具体模式的出现，为农村这片土地带来了无限生机，成为促进农民工返乡创业，破解乡村“空心化”、经济单一、就业收入渠道窄和贫困人口脱贫的一把钥匙。有经济活力的人返乡，盘活资源要素，推动创业创新，使产业、就业、增收、脱贫发生连锁反应。当然，乡村振兴战略的实施，要以农民为主体：一是联合返乡农民工抱团发展，打造一批有规模、有品牌、有市场竞争力的农业产业项目；二是联动更多农民工返乡创业，组建乡村振兴的“主力军”；三是广泛联系返乡创业农民工，发挥联系政府与返乡创业农民工的桥梁与纽带作用，为返乡创业农民工争取更多政策支持、解决实际发展难题。

三、树挪死还是人挪死——从农民工返乡创业说起

俗话说，“人往高处走，水往低处流”。农民是创业，还是就业，是当农民，还是当老板，是在城里创业，还是在农村创业，是投资传统产业还是拥抱互联网等，都涉及农民的流动问题。有的可能仅仅涉及农民的水平流动，不会带来社会地位的变化，有的则可能是垂直流动。垂直流动又有两个方向，一个是向上流动，一个是向下流动。向上流动会给农民带来更多的财富、机遇、资本等。而向下流动，则会导致农民社会地位下降，会给农民带来财富的减少、生活质量下降、抵抗风险能力变差、社会资本减少等问题。因此，站

[1] 宰建伟、马艺铭、郝陶锐：袁家村是如何做乡村旅游的，http://www.sohu.com/a/227640685_182248，2018-04-09。

在十字路口，该如何选择，确实是个问题。

对农村改革的论述，有制度经济学视角，也有社会学研究的视角。农民创业方向的选择依据的是什么呢？是地域文化的认同，家乡和城市的地域文化有很大的差异性。这种推力和拉力，怎么把它变成实践呢？要看家乡对创业者的认可和创业者对家乡文化的认同。所以创业者要考虑到成功率，也要考虑到创业预期的回报率。

（一）返乡创业机会识别

近年来，随着农民工群体的人口结构变化，以及新常态下我国经济结构的转型升级，出现了一些新的现象，农民工在进行打工目的地选择抑或对是否外出打工进行选择时，还增添了几方面的考虑。首先，农民工对就业地点的偏好逐步发生变化。对于成家盖房的需求以及照顾父母子女的需求不断增加等，导致其在选择打工地点时更偏好与家乡更近的城市。其次，近年来农民工的数量增速不断放缓，部分农民工选择返乡就业及创业。这一现象的背后是农民工群体供需两方面的变化。在我国经济进入新常态后，为了适应产业转型的需求，许多产业都从劳动力密集型向技术密集型转型，相较过去严峻的“用工荒”现象，农民工的就业形势已经产生变化：工业企业用工需求下降，同时劳动力市场对技术能力的要求进一步提升。这一原因客观上导致农民工在城市的就业形势更加严峻，迫使部分农民工返乡就业或创业。当然，另一重要原因则是，随着新农村建设逐步推进，农村的生活水平逐渐提升，就业机会也逐渐增加，农民工对于进城务工的想法同时变得更加理性，对于就业地点的偏好也有了变化，愿意回到熟悉的家乡寻找机会。创业机会是创业研究的核心问题，创业就是发现和利用有利可图的机会，包括创业机会的界定、创业机会的来源和创业机会的识别与评价。

创业机会是通过发现一系列的市场不完备，并通过自身努力去解决这些市场不完备的过程。因为市场参与者是基于信念、偏好、直觉以及准确或不准确的信息来进行决策的，他们对可能的市场消失以及将来可能产生的新的市场有不同的推断。创业机会是通过把资源创造性地结合起来，满足市场需要以创造超额价值的一种可能性。

必须指出的是，市场变化会带来新的商业机会，这些变化包括科技变迁、政治与法规变化、社会和人口结构变化以及产业结构的变化。成功的创业家必须要了解且清楚这些市场变化的情况，以及变化将如何影响创业机会的发生。

（二）农民工创业地点选择

具有创业意愿的农民工对创业地点的选择受多种因素影响，其中包括创业者个体及家庭特征、流出地工作经历和外部社会环境特征。

个体及家庭特征包括年龄、性别、婚姻状况、受教育程度、职业技能等因素。年龄越大的农民工因在打工地生活时间较长，已适应打工地环境，更倾向于留在打工地城镇创业。在现实中，我们发现有些第一代农民工或者老年农民工留在城市的意愿更强烈。

受教育程度高及具有职业技能的农民工，在流入地有较强的市场竞争能力，因此，他们也能较好地适应大城市。相比在农村，他们在大城市能够获得更多的创业机会，也有施展才华的舞台。从性别角度来看，男性农民工因工作压力较大和较低的自我社会评价而倾向于返乡创业；另外，已婚农民工因家庭的牵挂和归属需要比未婚农民工更倾向于返乡创业。

外部社会环境特征包括家乡所在地、亲友创业情况及社会网络特征等因素。家乡在中小城市的农民更倾向于返乡创业；如果农民工的社会网络关系主要在打工地，那么，其留在打工地城镇创业的可能性较大；业务伙伴及客户这类社会关系网络所在地对农民工创业地点的选择有直接影响，即业务伙伴及客户关系以沿海为主的农民工更倾向于留城创业。[1]

另外，流出地的政策对农民创业地点的选择也有很大的影响。通常所看到的乡村振兴、精准扶贫等战略推进过程中产生的一系列政策对吸引农民工返乡创业有积极作用。另外，一些非经济性政策对农民创业地点的选择也有很重要的影响。举个例子。

有两位在南昌卖凉皮的陕西人，他们对未来创业地点的打算就各不相同。其中一位魏某在南昌已经卖了十多年的凉皮了，他一家都在南昌居住，小孩在南昌读了大专毕业后成家立业，也在南昌做生意。他们一家对未来的打算就是还会在南昌继续卖凉皮。而另外一位赵某是魏某的同村人，经魏某介绍到南昌来卖凉皮的，他的打算与魏某不同。其中关键的因素是赵某有一个正在读初二的女儿，在老家参加中考，可以因精准扶贫政策中考加分。因此，他打算回家，让小孩子在老家参加中考，并完成高中阶段的学习，自己则打算在县城做做生意。赵某说在县城做做生意一年赚 2 万—3 万元不成问题。因此，赵某打算回老家。从两个人的不同选择来看，家庭因素对农民创业地点的选择有重要作用。因此，作为创业的农民群体，应该衡量自身的特点、经历、家庭需求等，来决定自己的创业地点。

[1] 赵浩兴：农民工创业地点选择的影响因素研究——来自沿海地区的实证调研，中国人口科学，2012（2）。

务工地政府在市场、信息和资源方更利于创业，在吸引农民工创业中有一定的优势。同时，农民工也能够利用家乡的优势，那么农民工返乡创业的概率增大，支持政策的收益上升，成本下降。对于重视亲缘、地缘关系的中国农民工来说，亲朋好友的所在地也会决定其生活和创业的地点选择。[1]

（三）农民创业时间的选择

在不同的时间节点上出现了不同目标的创业潮。对农民来说，创业时间的选择与国家的大政方针政策是分不开的。在国家鼓励“大众创业、万众创新”成为重要的政策选择下，农民创业现象层出不穷。要正确选择创业时间，需要注意这两点：

一是尽早不尽晚。创业最主要的就是要打一个时间差。特别是那些在不同时间内的价值含量不同的创业产业。因此，尽早抓住商机，会得到更高的收入，若市场趋于饱和，那产品的价格竞争会日趋激烈，有的可能会赔本。

二是避免增产不增收。对于那些投资农业产业的农民来说，最害怕的就是增产不增收。许多农业产业前期投资大，周期长，见效慢，抗风险能力低。因此，在长时间的投资过程中，若不能在有效的时间段内得到回报，将会被大量的市场跟进者抢占市场份额，结果导致产品价格下滑，收入递减。市场上如樱桃、冬枣、火龙果等农产品的价格都在逐年下降，利润空间逐年减少，因此，在创业上要抢占先机，避免盲目投入，结果导致增产不增收的局面。

---

[1] 罗涛：农民工创业区位的选择，江汉学术，2016（4）。

小结

今天创业还是明天创业，主要取决于创业能力。在什么地方创业，是要农民创业者衡量创业地点对其创业成功的贡献率，还要考虑整个家庭因素，即是否能够减少家庭留守现象，是否能够照顾好家庭成员，特别是老人的生活，是否能够让子女受到更好的教育，等等。这些都是需要考虑的问题。

Chapter 6
第六章

创业管理中的风险

中国传统乡村社会是一个以血缘为中心的传统亲属关系占据重要地位的熟人社会。这一特点也对农民创业打上了深深的烙印。对农民创业者来说，熟人间形成的社会关系显得更加重要，处理好各种社会关系、企业组织管理和合伙人的财权利责的分配也是非常重要的。

创业管理中所面临的风险是比较复杂和琐碎的。对农民这一创业群体来说，处理好各种社会关系、企业组织管理和合伙人的财权利责的分配是非常重要的。本章就对这些问题一一阐述。

一、农民创业与中国式关系

要知道中国农民社会关系的特点，首先要了解中国传统农民行为的特点。在传统农村，“人同土地结合在一起，生于斯，死于斯。土地生产四季循环不已，人也是死了的回到土地，又生出一代新的人来循环不已。这个循环构造了乡土社会人的特点”[1]。

（一）以血缘关系为主导的“家庭型”社会是农民的主要社会关系网

中国传统的乡村社会是一个以血缘为中心的传统亲属关系占据重要地位的熟人社会。农民的融资特点具有很强的社会性。对于农民创业活动来说，社会关系显得更加重要。

[1] 费孝通：乡土中国，上海人民出版社，2007。

由于农村资金市场中借贷渠道的约束，大部分农民创业者主要依赖于家庭的自有资金。一方面，丰富的社会关系能够为农民创业者提供获取创业资金等其他创业资源的可能性，从而提高其风险承担能力。另一方面，由于创业活动具有高度不确定性，农民创业者也需要一定的情感和精神支持。如果农民创业者具有有效的社会关系，这对创业活动也可提供情感保障，进而提升其创业绩效。创业者社会关系的丰裕程度能够影响获取的信息数量，这使得创业者有机会从多样化的角度考虑创业资源利用的情况。[1]

但是，在一些人看来，关系往往会与追求自我利益的不道德行为联系在一起，如“走后门”、“桌下交易”、贿赂和腐败行为。但是，在中国人的实践中，关系并没有就被视为一种不道德的行为，它更多地反映了中国人社会中的一种客观生存状态。无论社会活动、政治活动还是商业经营，都不能脱离关系行为的渗透和影响，也不能简单地以道德和不道德的二元思维判断关系实践的价值。

有人对中国广东省的私营、国有和合资企业的850位经理人进行了问卷调查，发现对于商业领域来说，关系就是一个很实用的考虑因素。大多数经理人为了公司的成功，借助于送礼和依赖自己的关系网络做生意的传统依旧得到了延续。同时，对关系的认知和态度也不能简单地、绝对化式地界定。这些经理人对关系和道德的态度存在一定的差异，创业者对关系的认知和实践也是存在相当大的差异的。

尽管关系实践的结果可能会具有道德或不道德的一面，但本书对关系实践更多的是持一种中性的立场，更多地考虑要尽量涵

[1] 郭红东、陈亦悠：社会关系、资源获取与农民创业绩效，贵州大学学报，2015（5）。

盖农民创业与关系实践情境的丰富性，以求从农民创业实践角度理解关系行为。除了一些先赋性关系外，这里的关系基础主要有三种来源：

一是基于共同社会身份的认同，如同乡、同学、同事等；

二是共同的第三方，存在这种间接的关系一般是因为双方都认识或熟悉第三方；

三是预期基础，即未来可能发生交易和合作等进一步互动的双方也会因共享相同的期望、想法和价值观而形成关系。

对于农民来说，以血缘关系为主导的“家庭型”社会资本是其主要社会关系。梁漱溟曾经提到过，跟西方社会相比，中国社会既不是个人本位，也不是社会本位，而是一个关系本位的社会。他认为，不把重点固定放在任何一方，而从乎其关系，彼此相交换；其重点实际上是放在关系上了。伦理本位者，关系本位也。农村社会对关系的重视，也决定了相比于其他社会，乡土社会的人可以更容易地动用他人的社会资源，也即社会资本。但是乡土社会的关系网络还有其独特的一面，比如费孝通对于农村社会“差序格局”的描述——中国社会关系的格局好像把一块石头丢在水面上所发生的一圈圈推出去的波纹。每个人都是他社会影响所推出去的圈子的中心。被圈子的波纹所推及的就发生联系。每个人在某一时间某一地点所动用的圈子是不一定相同的。林其铁将这种关系的建立归纳为“五缘文化说”，即血缘、地缘、神缘、业缘和物缘，人与人的关系是“十分系统地建立于亲属、亲情等多种关系之上的关系”。说白了，社会关系可以划分为三类：“家人、熟人、生人”，越靠近中心关系越密切，也就越能够相互共享资源，而这也形成了农村社会资本的序次，形成了依照血缘、地缘、业缘相继递减的特性，而血缘是中心，其他关系都是围绕血缘来展开。[1]

另外，关系的质量也很重要。关系质量是指在某一时点上对关系状态的评价，如关系的好与差、深与浅，是关系双方对关系的一种客观评价。主要用了两个核心的指标进行评价：信任和感情。其中，信任主要是由能力和诚信组成，而感情主要由交情和感情组成。

不同行业的创业者对创业能力重要性的排序是不一样的。在传统的批发贸易行业，关系能力是最重要的；而在新兴的 IT 服务行业，学习能力则是最重要的。但总体上，关系能力、承诺能力、个人优势和学习能力在所有创业者的身上都具有较高的排序。其中，关系能力是一个具有中国本土商业行为特色的能力，该能力不仅应用在客户和合作伙伴身上，同时也应用在雇员、贸易协会等其他会直接或间接影响企业经营的对象身上。

对想成为老板的人来说，即对农民创业者在整个创业过程中需要完成三个角色的转变：创业角色、管理角色和技术职能角色。创业角色的转变意味着从农民到老板角色的转换；管理角色的转变意味着从雇员到雇主角色的转变；技术职能角色的转变意味着农民从单一技术向多重技能的转变。这其中包括机会能力、关系能力、分析能力、创新能力、运营能力、人文能力、战略能力、承诺能力、学习能力、个人优势。相对于打工或当农民，农民创业能力主要表现在两个方面：机会能力和管理能力。不同行业的创业者所感知的产业环境在创新机会、感知的产业成长、新产品和服务的重要性、市场异质性四个方面均存在显著差异。除了自身所具有的当老板的潜质外，对农民来说，家庭、社会等对创业的支持也非常重要。

---

[1] 张永祯：基于社会资本的中国农民创业研究——以福建省沙县农民创业为例，华东师范大学硕士论文，2010。

（二）加强农民拓展关系的能力培养

与世界上其他地方的创业者不同的是，中国特有的社会文化环境对创业者创业能力的影响也很大。有研究表明，对国内成长的创业者来说，表现最突出的是关系能力和战略能力；而对国外成长的创业者来说，表现最突出的是战略能力和组织能力。

表 18　国内外创业者能力排序

排序	国内成长的创业者	国外成长的创业者
1	关系能力	战略能力
2	战略能力	组织能力
3	概念能力	概念能力
4	组织能力	机会能力
5	机会能力	关系能力
6	支持能力	承诺能力
7	承诺能力	支持能力

从与他人互动的角度考察创业者的社会能力是否会影响其创业成功，其中一个重要的因素就是网络能力。在包括机会要素、关系要素、概念要素、组织要素、战略要素、承诺要素、情绪要素和学习要素等不同的创业要素中来看，关系要素是非常重要的。特别要指出，关系胜任特征在我国创业者中表现突出，与政府部门、社区和客户关系得到了大多数创业者的重视，良好的网络关系是有利于创业成功的。我国目前的创业环境具有强烈的政策导向。例如，农民创业的产业，有的需要获得国家的许可、特许经营，有的可以从国家主管部门获得财政补贴、贴息贷款等。关系要素对非财务绩效的贡献最大。社会关系能够创造出创业，创业信息的分享、传递能

够带动更多的创业行为发生。社会关系与运营管理新企业、创建组织任务相关的运营管理能力相结合，具体可见我国家族企业的运作。

从家族企业创业者的能力特征来看，中国家族企业的企业家的胜任力特征模型具体包括10个维度：自主学习、信息查找、自我信任、寻找机会、团队意识、指导、影响他人、自我约束、权威指导、主动性。

农民家族企业的中国故事：你好，水仙花

朱师傅的家乡漳州市龙海县九湖镇长福村，素有种花卖花的传统，但经过我们都知道的几十年折腾，这门传统产业完全荒芜了。政府允许种花卖花后，在老父亲的带领下，他家重操旧业，五兄妹在自家的五分自留地里种起了四季橘、扶桑、三角梅、茉莉和榕树等花木。排行老三的朱师傅因性情温和，苦累无怨，又能诚实待人，便由他挑着去漳州城里卖。漳州的街街巷巷走遍了，他便壮着胆子，坐上火车，把花弄到厦门去卖，福州去卖。渐渐的，他家的花，进了上海，进了北京。进的还不只是寻常百姓家，而是亚运村和人民大会堂这样的国家圣殿。1981年来中山公园参加花展的时候，他已经像模像样地办起了名为“万兴园艺”的家庭公司。尊逐渐年老的父亲为经理，他当副经理和法人代表。只要是他看准的事，承揽的业务，无论赚钱还是倒贴，兄妹们从无怨言。几年过去，村子里家家经营花木，原本的长福村改为由陆定一同志题名的“百花村”。在竖起巨大牌匾的同时，开满鲜花的村庄也成了漳州花木交易的集散地。但村庄兴旺了，竞争也激烈了。这时，又是他让这个面临挑战的家转危为安：那一年，他随团去东南亚考察，发现一种叫海枣的树种，很适合国内老百姓家的门前屋后栽种，还可以当美化城市的绿化树，当即买了种子回来培育。此举让他的家族公司异军突起，直到今天，他培植的海枣树仍然畅销不衰。朱师傅对花木的热爱，还体现在他特别能开拓花的种类。很长一段时间，国

内市场的鲜切花配叶品种异常单调，只有满天星一枝独秀，他试着把铁树、针葵、肾蕨引入配叶种类，结果大受欢迎。更神奇的是，有一次，他无意中发现村子野地里生长的一种排骨草，有用来做鲜切花配叶的前景，便一蔸蔸挖回来，在公司的苗圃里进行驯化，最终得到北京、天津、上海等大城市商家的认可。1990年，他家独自出产的这个排骨草鲜切花配叶，被亚运会列为指定产品。

由朱师傅作为主心骨支撑的家族公司，30多年不离不散，堪称奇迹。我们知道，产业搞大了，账上有了大把的钱，别说朋友合伙开的公司，即使父母创下的家业，最后闹得兄弟分家、反目成仇的，也屡见不鲜。能共患难不能共富贵，好像是我们这个民族挥之不去的陋习。在漳州花木界名声响亮的朱师傅家却不这样。我推算过，农村人日晒雨淋，夜以继日，排行老三的朱师傅都60多岁了，他劳累了大半生的大哥和二哥，早该是白发苍苍的老人了。比他小几岁的四弟和33岁才结婚但从未离家的妹妹，也都年过半百了。问题是，他们都有自己的妻子或丈夫，自己已经成家或正要成家的孩子，就不会出现这样那样的矛盾吗？但五兄妹情深意长，没有任何人提分家。拥有20多口人的这个大家族，依然在一栋房子里住，在一张桌子上吃饭。在公司，老大老二和四弟各管一摊，都对当家的朱师傅负责。在家里，由妹妹朱红枣任总管，不管哥嫂还是弟媳，都得听她的。饭由谁做呢？四个媳妇轮流做，一人一个星期。她们不光要负责家人的一日三餐，还要给工人们准备饭菜。四个女人谁病了，谁临时进城办点个人的事，另外三人自动补缺。客户随时上门来拉货，遇上吃饭的时候，有劳动能力的都会放下碗筷去忙碌。因此，家里长年开流水席。听说，有人依据现代企业的管理经验，建议他们也追赶潮流，在家人中设立股份制。五兄妹没有一个赞同，说兄弟如手指，一搞那个股份制，就分你我他了，一个家也就散了。

说到农民，说到农民的家族企业，就说他们观念落后，没有现代意识；都希望他们做大，做强，做到城里去，做到世界上去。为什么不能遵照他们自己的意愿，在本乡本土，全家人和和睦睦地经营下去，传承下去呢？要知道，家和万事兴，是中国传统伦理道德中的一种最高境界。就像朱师傅说的，家和了，事兴了，还有什么可求的？[1]

农民企业家在处理内部关系网络时所用的技巧是有差别的，并对企业发展产生重要影响，这就是“内部网络能力”的差异。什么是内部网络能力呢？相对于“组织发展、使用和保持与外部合作者，包括客户、供应商和研究机构”的外部网络能力来说，内部网络能力视为企业的一种技术特征，是企业能够主动控制、开发和利用其内部关系网络，从而形成自身竞争优势的能力。

农民企业在建立新关系的同时，还需重塑旧的关系。新的关系是指在有效识别有潜力的网络主体的基础上与其建立新的关系网络。但是对于家族企业来说，重塑旧的关系至关重要，比如交换是指网络中企业之间各种形式的转移，包括产品、服务、信息、资金、技术和人员等的转移和让家族成员适应新的角色。

协调是指建立和使用创业网络规则与程序和非创业网络规则与程序，解决创业网络关系争端和家族关系争端。因为有的家族争端会直接导致企业争端。

对创业环境的分析，既包括市场环境，还需要家族环境。对家族环境来说，主要是要考虑创业行为对家族和家庭长远发展的影响。

组织是指为保证计划的实现，在网络内部协调并进行资源的配置。这里的资源配置，应该协调好企业资源与家庭资源之间的关系。

---

[1] 农民家族企业的中国故事：你好，水仙花，人民日报，2016-01-08。

员工参与是指指导和调动员工参与到关系网络管理活动中。控制则是网络管理活动的起点和终点，分为内部控制导向和外部控制导向。特别是内部控制管理中，应该协调好家族成员作为员工的双重身份问题。

资格条件分为专业资质和社会资质。其中，专业资质包括技术、法律、经济等能力，社会资本包括社会经验、关系处理能力。

在普遍重视“关系”的中国，网络能力研究将为这一理论概念注入新鲜的内容。原因来自两方面：第一，国外的网络能力研究都是建立在成熟的市场经济基础上的，所以多基于正式的市场关系，虽然其维度和测量中会涉及非正式关系，但基本上是市场关系的补充。但是，在中国，“关系”的渗透是无所不在的。这不仅表现在个人之间的关系上，就是在组织之间的关系上，在正式与非正式关系的影响上，也是难做出区分的。即中国的网络能力会具有更多成分的社会嵌入性。第二，考虑“关系”在中国的本土化特征。中国文化背景下的本土企业遵循的模式包括了中国社会的人情、面子、特殊的人与人之间的信任关系。

（三）加强农民创业中社会关系的实践

中国人的关系存在三个重要特点：一是，关系是一种礼节和程序，是陌生人彼此开始做生意必须经历的，即“先做朋友，再谈生意”。二是，关系有一个门槛，跨过了这个门槛，就进入了一个圈子。三是，关系是需要时间和精力来维持的，关系不是一次性买卖，而是一个长期的、互惠性契约。这些需要从具体的实践出发来理解。

表 19 关系实践的测量

测量	是否
1. 我们的高层管理与一些重要人物有个人关系； 2. 我们的高层管理能获得有价值和重要的信息； 3. 我们的高层管理能获得政府的审批； 4. 我们的高层管理能获得一些重要的资源，如土地和电力； 5. 我们的高层管理能获得融资或上市名额。	
感情维度 1. 我们相互理解； 2. 我们在工作中留意对方的利益； 3. 我们在工作中留意对方的观点； 4. 我们在工作中能充分地沟通问题。	
信任维度 1. 我们有相同的个性； 2. 我们有相同的兴趣和爱好； 3. 我们信任对方； 4. 我们总是考虑对方的利益。	
感情维度 1. 我经常与这个供应商代表在工作之外进行社会互动； 2. 这个供应商代表和我可以像朋友一样坦诚交谈； 3. 如果我换掉这个供应商代表，我将失去一个好朋友； 4. 我将这个供应商代表视为家人； 5. 在我做出一个重要决策之前，我会考察这个供应商代表的感情是否会受到伤害； 6. 我对这个供应商代表有兄弟般的感情； 7. 当这个供应商代表有需要的时候，我会全力去帮助，因为他是我的朋友。	
人情维度 1. 我感觉有义务也很乐意为这个供应商代表提供帮助； 2. 我觉得提供一些好处是和这个供应商代表做生意的一部分； 3. “礼尚往来”是我和这个供应商代表之间关系的一个重要部分； 4. 如果我不能为这个供应商代表提供一些他（她）所需要的帮助，我会感到尴尬； 5. 如果不能给这个供应商代表一些回馈，我觉得这是不好的生意。	

（续表）

测量	是否
信任维度 1. 这个供应商代表与我们相处时很坦率； 2. 这个供应商代表不会说谎话； 3. 这个供应商代表与我们相处时完全放开； 4. 这个供应商代表只关心他自己（反向）； 5. 这个供应商代表好像只关心我们的需求； 6. 我公司里的人不信任这个供应商代表（反向）； 7. 这个供应商代表不值得信任（反向）。	
面子 1. 我们和销售人员双方都在乎面子； 2. 我们越受尊重，就越有面子； 3. 我们给销售人员面子，他们也给我们面子。	
互惠 1. 如果销售人员之前给了我们恩惠，我们也将会给他恩惠； 2. 如果我们之前给了销售人员恩惠，销售人员也将会给我们恩惠。	
感情 1. 销售人员有时会送一些纪念品给我们； 2. 当有结婚、升职等事情时，他会送一些贺卡给我们； 3. 销售人员是我们的好朋友，我们彼此由衷地相互关心； 4. 我们喜欢销售人员，他也喜欢我们。	
家人关系 1. 当我需要时，我通常请求家人想办法帮助我； 2. 当我寻求帮助时，我能依靠家人的关系； 3. 当我提出要求时，家人通常会请他们的同事帮助我； 4. 当我提出要求时，家人经常联系他们认识的人帮助我。	
朋友关系 1. 当我的朋友恳请我时，我总是帮助他们； 2. 当我的朋友有困难时，我会设法帮助他们； 3. 我会设法与我的朋友维持好的关系； 4. 我经常帮助我的朋友解决问题。	

（续表）

测量	是否
同事关系 1. 我经常帮助我的同事； 2. 我的同事可以依靠我帮助他们； 3. 我认为回报同事恩惠是重要的； 4. 我因帮助同事而受到欣赏； 5. 帮助同事让我建立起与他们的良好关系。	

关系包含关系发起、关系建立和关系利用三个阶段。不同阶段的行为特征与运行原理是不一样的，主要有以下内容：

（1）阶段一：关系发起。此阶段主要是通过相互熟悉识别和建立关系基础的过程。这种关系基础可以是共同的社会身份、第三方或预期基础，当发现和识别了这些关系基础后，就会带来进一步的关系互动。这一阶段，关系的运行原理是双方自我暴露，彼此分享个人的背景信息。自我暴露的程度对发现和建立关系基础非常重要。

（2）阶段二：关系建立。当相互认识并建立了一些共同的基础之后，就需要通过个人的互动建立关系。关系建立的原理是动态互惠，这是社会和经济互动最有渗透力的原则。互惠强调长期导向，且必须真正符合恩惠接受者的价值和需求。

（3）阶段三：关系利用。对多数人来说，关系的利用一般保留在最需要的时候，即在非日常的问题或困难出现，又很难自己或通过日常渠道解决时，如借钱、找到中意的工作、调节冲突、处理人生重大事件等。其操作的原则是长期公平性。长期公平性的一个基本原则是：从长期来看，交易各方应根据其投入获得分享成果的权利。

当然，不同类型的行业在关系实践上存在一些差异：

（1）关系建立和维护的方式存在差异。劳动密集型行业的创业企业在关系实践上保持传统的模式，即通过礼物交换、恩惠和宴请等传统方式建立和维持彼此的关系；而知识密集型行业的创业企业则更多地运用知识信息的分析建立和保持彼此的关系。

（2）对政府关系的依赖存在差异。劳动密集型行业的创业企业依旧对政府关系存在较重的依赖性，尤其要通过政府获得创业的相关资料；而知识密集型行业的创业企业相对来说对政府的依赖程度大大降低。总体上，研究认为，虽然经过四十年的改革，中国的经济制度和市场体系越来越成熟，但是关系对创业企业的成长依旧是非常重要的一个因素，并且还会在一个很长的时间里继续发挥重要影响作用。这是因为，关系深深根植在中国传统文化中。

以企业组织为代表的行动者，其关系战略与环境具有以下依存关系：

（1）如果由于环境中资源的受限控制和信息的有限分布，导致了更高的资源和信息的不确定性，行动者就越可能运用关系的获取战略降低不确定性。

（2）如果焦点行动者与社会中拥有资源的行动者的权利不平衡，焦点行动者将体验到更高的不确定性，就更有可能将关系作为一种获取战略。特别是当一个社会中越多的资源被一小部分社会阶层控制，关系获取战略就会表现为向上搜寻的方式，以适应环境。

（3）创业者的网络越得到扩展和变得多样化，其感受到的信息不确定性就越低，则以获取形式使用关系的可能性就越低。

（4）一个社会的网络结构越复杂，创业者就越可能将关系作为获得创业机会的战略使用。

（5）创业者从社会关系中获益的能力越多样化，网络战略组合越差异化，其在环境中就会越具有差异化优势。若行动者具备的权利和资源越少，就越有可能利用这种关系在关系差异性中找到自己所需的东西。

基于以上关系行为与环境的互动关系，关系的演化过程和机制主要表现如下：

（1）具有共同特征、相似能力和面对相似的环境不确定性的行动者，将可能发展、选择和保持相似的关系形式，即这类关系拥有者越可能形成圈子，越可能在创业中有交往，有生意往来。

（2）行动者所造就的社会结构同样会限制他们未来的行为。因此，如果一种主导关系形式促进了一种社会结构，这种社会结构又有利于该特定的关系形式，则这种主导关系形式的流行能有一种持续的影响。即稳定的生意圈固然可以节约他们创业的交易成本，但是固化的生意圈，容易与外界形成明显的边界，反而不利于其与圈子外的行动者进行交往。

（3）市场中新的不确定性会造成新的关系形式产生——嵌入战略。这种关系形式强调培养长期的伙伴关系，在降低与知识转移和协作有关的市场不确定性上显出效果。当创业者感知到更高的市场不确定性时，就更有可能利用嵌入关系形式降低这些不确定性。

（4）关系嵌入形式对解决不确定性越成功，创业者将越有可能重复使用这种战略控制环境，并且同一群体或社区的其他行动者将越有可能模仿同一战略。

（5）关系的嵌入形式运用得越多，这种形式就越可能被视为恰当的、理所当然的、合法的，并会在群体中越来越流行，然后通过跨群体和跨社区的学习和模仿，扩散到整个社会。

（6）新的和成功的关系形式会增强已有关系形式的竞争，那些很少有成功产出的关系形式很难被认为是有效的，也很少被采用、复制和被视为合适的，同时有更高的机会被筛选出局。

在中国的文化背景下，人们强调对秩序的关注，强调关系的重要性，强调对群体的责任、偏好和相互合作。而风险偏好指的是人们对感知到风险的态度，这种态度受到周围环境或人们看法的影响，在特定的社会里面，人们越支持创业，对创业的评价越高，越鼓励创业，对创业的态度越宽容，相应的人们的创业风险偏好也增大，越敢于冒险，越敢于参与创业。家庭是农民生产经营最基本的单元，家庭经济、人力、社会、政治资源都是农民家庭创业的重要资源。家庭收入等级又是一个反映农民创业环境的重要指标。家庭收入等级越高，农民家庭创业的可能性越大。农村劳动力及其家庭总是要依靠自己所拥有的资产状况，并通过资产的组合与转化形成自己独特的生计策略。创业作为一种就业形式，农村劳动力在做出决策的时候也会综合考虑人力、物力和财力，其过程一般是家庭成员通力合作的结果，尤其是夫妻之间的合作。至于家庭人口数，一般认为家庭人口越多，创业的可能越大，一个家庭人口太少了，缺乏人力基础，使创业难以开展。在物力和财力方面，我们用“家庭在当地收入等级”表示，认为收入等级越高，创业的可能性越大。农民创业者一般有三种创业形式：

（1）夫妻经营；

（2）家族经营；

（3）亲戚带亲戚，朋友带朋友“滚雪球式”经营。

由于农村人们的活动范围一般来说比较狭窄，“他人”一般而言都是局限于血缘、亲缘、地缘的范围内，也就是说这种替代性经验往往是经由朋友、家庭、家族等家乡的相关人的示范作用所传播的。农民创业中容易出现模仿他人成功经验的现象。但是，太多的模仿，容易造成市场饱和，产业趋同会导致盈利空间减少，导致增产不增收现象。

二、企业组织形式——该独立的还得独立

农民根据自身特点所形成的创业形式包括自雇、成立公司、合伙等。农民创业能力既体现于其自身能力素质，也体现于其外部环境条件，而自身能力素质则包括农民自身知识、技术、经验等。通常认为男性创业能力要强于女性，也即男性农村劳动力选择创业的可能性更大；一定年龄的农村劳动力随着年龄的增大，自身人力资本积累的增多，越有可能创业；但是，随着年龄的增大，农村劳动力创业的动力和意愿减弱甚至消磨，即年龄对农村劳动力创业的影响先正后负。反映农村劳动力人力资本存量的文化程度和是否有手艺或技能两项指标对农村劳动力创业存在正向影响。农村劳动力文化程度越高，创业的可能性越大；有手艺或技能的农村劳动力更可能利用这种手艺或技能而选择创业，从而成为“包工头”“个体户”等。在创业中，是否组建企业，以企业的形式参与市场，这在日趋成熟的市场中显得格外重要。现代企业制度在中国市场经济中的推广，使企业成为参与市场行为的最主要的行动者。因此，市场经济组织与个人不同，农民在组建企业时，对其创业风险防火墙的建立非常重要。

不少创业者在公司成立之初就存在着疑问：都有什么类型的企业？不同形式的企业在法律上到底有什么差别？

简单地说，企业的主要形式有三种：个人独资企业、合伙企业和公司制企业。前两种形式很好理解，个人独资企业就是个人成为

决策主体，合伙企业一般就是几个人共同拥有产权，成为合伙人。强调一点，公司制企业与前两者的区别在于，股东以其出资为限对公司承担有限责任，公司是独立的法人实体，管理权和所有权分离，可以公开融资，所以这种形式比前两者要复杂很多，不过这是很多创业企业的主要形式，也是公司法针对的主体。

考虑到不同组织之间的区别，在创业时就能针对自身的情况选择合适的公司形式了。

如果你对企业形式不够了解，也缺乏经验，相对来说安全的方法就是成立一个有限公司。各种类型企业的设立成本、筹资能力、分散风险能力、出资人的责任承担形式、税负以及出资人对企业的控制见表20。通过表20，可以清晰地发现各种企业的利弊。农民创业者可以根据自身的实际情况，判断、选择适合自己的企业形式。

表20　企业形式简谱[1]

	个人独资企业	合伙企业			公司制企业	
		普通合伙	特殊普通合伙	有限合伙	有限责任公司	股份有限公司
设立成本	低	较低	较低	较低	一般	高
筹资能力	低	较低	较低	较低	一般	高
分散风险	低	较低	较低	较低	一般	高
出资人责任	无限	无限连带	部分人有限		有限	
所得税负担	个人				个人＋企业	
出资人控制力	最强	较强	较强	较强	较弱	弱

[1] 程江波：创业力：创业者的9堂必修课，机械工业出版社，2017。

三、别让合伙的小船说翻就翻

“一个好汉三个帮”，古代的帝王要成就霸业，必须拥有生死相随的贤臣辅佐。作为一个企业的创始者，也同样需要合伙人来出谋划策，优势互补。比尔·盖茨、史蒂夫·乔布斯、马克·扎克伯格身边都不缺乏优秀的合伙人鼎力支持，才有了后来的商业帝国。

汉高祖刘邦斩白蛇起义时，论勇猛，论谋略，他都不及项羽。但是，在楚汉争霸中，他却最终战胜了项羽，建立了长达 400 年的汉王朝。刘邦成功的原因虽然是多方面的，但是，其中最重要的一点是，他有一帮优秀的将帅谋臣作为自己霸业的“合伙人”。刘邦知人善用，尊重人才。他在创业之初，就能“武有韩信，文有张良”，让这两位成为自己的“合伙人”、左膀右臂。其实秦末时期，到处是武将，但多是赳赳武夫，很少有人有真正的谋略。他通过仔细观察，了解了韩信有勇有谋，堪当自己的“合伙人”，因此果断任命韩信为大将军，作为自己的左膀；同时，刘邦不计较人才的出身，任用曾是流浪者的张良为自己的军师，作为自己的右臂。因为刘邦深知自己的短处，而张良的智谋正可以弥补自己的短板，因此他对张良言听计从，从不怀疑。正是刘邦的知人善用，才建立了后来的汉朝。不得不说，作为帝王，就应当拥有刘邦这般包容各路贤才的胸襟和团结股肱之臣的才能，从而战胜敌人，夺取天下。

创业者，要想创业成功，也是同样的道理，必须建立一个强大并且彼此优势互补的合伙人团队，并且，这个合伙人团队通常不超过 3 个人。

创始人，并不代表着要一人独揽所有的工作，更何况金无足赤，人无完人。创始人有一个更重要的职能，就是挖掘人才，并把他们紧紧团结在自己的身边，让他们各司其职，承担公司的重要职务，带动公司整体前进。

优秀的合伙人应该具备五大特质，为了创业者考察合伙人，这里制作了一个“优秀合伙人雷达”，如图 11 所示，可以清晰地分析一个伙伴是否能成为你的合伙人。创业者可以借此对目标合伙人进行打分，然后组合你最需要的合伙人，形成创业团队。

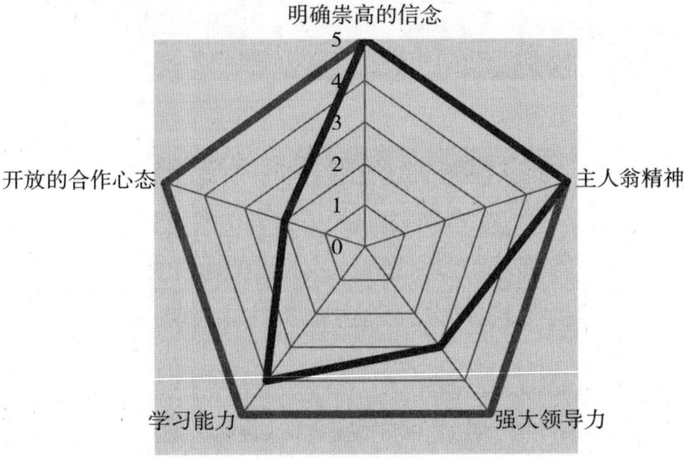

图 11　优秀合伙人雷达

合伙人应该具备的五个特质：

一是明确而崇高的信念。寻找合伙人首先需要他具备明确的目标和崇高的信念，更重要的是，这种目标和信念要与公司的价值观匹配，与创业事业的发展目标一致。

拥有强大的信念，可以激励自己去实现目标。拥有信念，能传递给其他人。试想一下，如果领导没有信念，遇到困难就退缩，当领导者都胆怯了、退缩了，团队就会散掉。一个优秀的领导团队，能带领每个人各司其职，同时又目标明确、信念一致。在这里需要指出的是，信念光明确还不行，信念还必须崇高，必须光明磊落。崇高的信念可以吸引世界上无穷的力量来支持创业者。灰暗的信念不仅无法得到支持，更被世界的强大正义所反对，很快就会覆灭。

二是创始人必须具备主人翁精神。合伙人之所以重要，还在于他承担着与创始人一起“开疆辟土”的重担，是创业项目的主人翁。虽然合伙人可能严格意义上算不上“创始人”，但他需要具备“创始人的主人翁精神”，就是对任何有益于公司的做法都拼命地实行，对任何妨害公司利益的事情或行为都反对。其实，公司的所有员工都应该具备这种主人翁精神。“拿自己不当外人”，与公司共进退，共甘苦，愿意承担责任，而不是得过且过，碌碌无为。

三是强大的领导力。除了创始人外，合伙人也应该具备强大的领导力。只有这样，合伙人才能凝聚管理层，还能实现合伙人间的有效分工，掌管公司的各个部门。特别是在今天“互联网 +”的创业背景下，每一个管理者都被希望能够出去独当一面。如果创业者想把公司做好，最好的选择，莫过于创业初期就选择优秀的合伙人，考察好合伙人的领导力，而不是任人唯亲。这样才能更有效地完成工作，还能使成员之间更友爱，思想更活跃，凝聚力更强。领导力最好的表现方式是潜移默化的“影响”。在工作和情感中，影响他的下属，同时能对下属有准确的定位，针对不同的下属运用不同的管理方式。

四是学习能力。学习能力到底是什么，为什么它成为如此多商家寻找人才的第一要求？都知道创业一路艰险，艰险的原因在于你不知道什么时候会出现什么问题，也不知道自己能否顺利地应对。问题的突发性和未知性要求创业者必须随机应变，如果遇到能力范围内的自然熬过了，万事大吉，可是遇上不能解决的问题，通过学习硬着头皮也得去处理。因此，拥有超高学习能力的合伙人，意味着他们在面对未知问题时能通过自我学习，去克服困难。这样的能力让他们能不惧挑战，迎难而上，这种精神不正是创业者最应该具备的吗？

五是开放的合作心态。开放的合作心态，意味着合伙人能与各种人相处融洽，为团队带来活力。同时，合伙人优秀的社交天赋，也能为公司带来更多的人脉和资源。现在是“社交时代”，一位不善交流合作的员工和一位开放包容的员工，作为老板，你会选择谁呢？当然是后者，交流合作是群体智慧产生的前提。

图 10 所描述的是通用的合伙人模式，本书根据农民创业的特点，整理出农民作为创业合伙人所应具备的特质，如图 12 所示。

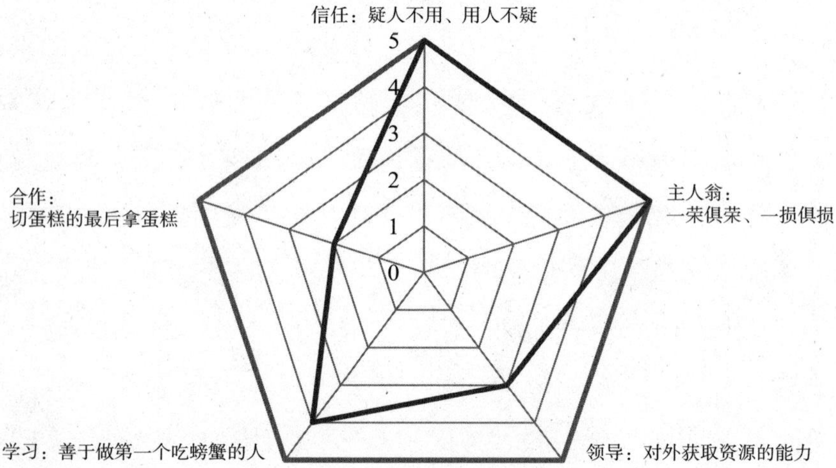

图 12　农民合伙人雷达

作为农民合伙人，所需具备的特质如下：

一是在信任方面，要做到疑人不用、用人不疑。在合伙的道路上，对合伙人的前期选择非常重要，但是只要选择好了，在具体合伙事务的处理和生意往来中，尽量做到“疑人不用、用人不疑”。做到“疑人不用、用人不疑”，不是一句空话，也不是仅凭一腔热血，而是需要规章制度的保障。合伙时制定好合伙企业的人、财、事的分配和责、权、利的分配。做到“亲兄弟，明算账”，这样才能建立起更长久的合伙和信任。

二是在领导方面，合伙人都应具有领导的资格。但是，真正做到领导，具有领导魅力，在合伙企业中处于核心领导地位，主要是看其在外面获取资源的能力，为合伙企业所获取的资源越多，对合伙企业发展的贡献越大，在合伙企业中所具有的领导魅力就越大。

三是学习方面，对合伙人来说，应该学习“善于做第一个吃螃蟹的人”。要善于接受新事物。市场风云变幻莫测，产品更新换代较快，因此，作为农民创业合伙人，应该具有这种不断跟踪市场的能力，及时预测和感知市场冷暖，应该具有的就是学习能力。

四是合作能力。真正达到合作的有效性，其核心是要保证合伙人之间利益的公平分配。要达到利益的公平分配，分配制度的法则或者方法是至关重要的。让切蛋糕的人最后一个拿蛋糕，最容易让合伙人心服口服。这种做法意味着合伙利益的分配方案必须分两步完成，第一步是做好利益分配，第二步是分发利益份额。

五是合伙人主人翁精神。在合伙企业中合伙人要具有主人翁精神，这种精神意味着一个合伙人的行为代表的可能是整个合伙企业的行为。要做到主人翁，合伙人应该将整个合伙企业当作自己的利益共同体来对待，“一荣俱荣、一损俱损”是对这一经验最好的总结。

不仅如此，一个拥有良好心态的人，往往还有着广泛的人脉，他以往的资源，他以后可能结交的朋友，都能为公司带来更多的可能性。

小结：心中有道防火墙

在创业过程中，尽量做到：创业资金与家庭资金独立；创业资产与家庭资产独立；尽量形成有限责任；选对合伙人的最好办法是把权责利明确，学会处理“黑天鹅”事件。“黑天鹅”事件就是那些在创业中不常出现，但是不可避免会遇到的小概率事件。如创业中不经常出现的风险、危机等。一旦出现这类事件，整个创业团队应该具备处理这样事件的应急能力。

Chapter 7
第七章

吃透创业政策不吃亏

自2007年中央一号文件提出“鼓励外出务工农民带技术、带资金回乡创业”之后，中央陆续出台了一系列“鼓励农民创业”的政策。农民在创业过程中，必须对相关政策和法律制度有所了解，这些制度规范对创业项目选择、创业进展、创业中风险规避有很重要的作用。可以说，了解政策不误工，很多时候还会起到帮助创业者少走弯路的作用。

自2007年中央一号文件提出“鼓励外出务工农民带技术、带资金回乡创业”之后，学者们就集中于讨论如何落实中央提出的“农民工返乡创业”政策，本章主要介绍新出台的创业政策。因为新的法律制度或政策规范对创业农民来说，还比较陌生，所以需要更多的关注。

一、2018年新法规速递

2018年1月1日起，一批新的法律法规将正式实施，其中一些新规可能跟你的创业密切相关，快来看。[1]

（一）修订后的《中华人民共和国中小企业促进法》实施

修订后的《中华人民共和国中小企业促进法》于2018年1月1日起正式施行。新法将近年来行之有效的政策上升为法律，规范了财税支持相关政策，完善了融资促进相关措施，特别是规范行政许

[1] 2018年1月1日起，这一批新的法律法规将正式实施，央视新闻（微信公众号），2017-12-30。

可事项、减轻企业负担、简化小微企业税收征管和注销登记程序，为中小企业发展创造良好环境。

（二）部分小微企业继续免征增值税

《财政部　税务总局关于延续小微企业增值税政策的通知》（财税〔2017〕76号）规定：为支持小微企业发展，自2018年1月1日至2020年12月31日，继续对月销售额2万元（含本数）至3万元的增值税小规模纳税人，免征增值税。

（三）增值税发票代码将增至12位

近年来，增值税普通发票的种类和使用量增加，10位发票代码难以满足纳税人需要。2018年1月1日开始，我国将对增值税普通发票进行调整，新版增值税普通发票（折叠票）发票代码从现行的10位调整为12位。

（四）外卖商户必须有实体店

原国家食品药品监督管理总局发布的《网络餐饮服务食品安全监督管理办法》，自2018年1月1日起施行。办法要求网络外卖餐饮服务提供者应当具有实体店铺和食品经营许可证。办法提出，送餐人员应当保持个人卫生，使用安全、无害的配送容器，保证配送过程食品不受污染。送餐单位要加强对送餐人员的培训和管理。

（五）环保税为企业排污戴上“紧箍咒”

《中华人民共和国环境保护税法》自2018年1月1日起施行。规定征收环境保护税，不再征收排污费。该法明确，直接向环境排放应税污染物的企业事业单位和其他生产经营者为环境保护税的纳税人，应当依照规定缴纳环境保护税。应税大气污染物的税额幅度为每污染当量 1.2 元—12 元，水污染物的税额幅度为每污染当量 1.4 元—14 元，固体废物按不同种类每吨 5 元—1000 元不等，工业噪声按超标分贝数，每月按 350 元—11200 元缴纳。

（六）惩罚污水排放行为的力度加大

修订的《中华人民共和国水污染防治法》自 2018 年 1 月 1 日起施行。新版《水污染防治法》明确了各级政府的水环境质量责任，增加省、市、县、乡建立河长制，明确“国家对重点水污染物排放实施总量控制制度”“对超过重点水污染物排放总量控制指标或者未完成水环境质量改善目标的地区，省级以上人民政府环境保护主管部门应当会同有关部门约谈该地区人民政府的主要负责人，并暂停审批新增重点水污染物排放总量的建设项目的环境影响评价文件。约谈情况应当向社会公开”。

（七）新出厂汽车内都应有反光背心

新修订的国家标准《机动车运行安全技术条件》（GB7258−2017）将于 2018 年 1 月 1 日起开始实施。新标准明确“汽车应配备 1 件反光背心”。公安部交通管理科研所辟谣表示，此前网传“如果你的爱车不配备反光背心，年检都过不了”的说法属于误读。该规定只适用于 2018 年 1 月 1 日起新出厂的汽车，要求汽车生产厂家在新车出厂时配备反光背心，不需要车主或者驾驶人自行购买。其目的是保证汽车在夜间故障时，提升驾驶人下车时的可视认性。

（八）新能源汽车将免征车辆购置税

财政部、税务总局、工业和信息化部、科技部于 2017 年 12 月

26日发布关于免征新能源汽车车辆购置税的公告，自2018年1月1日至2020年12月31日，对购置的新能源汽车免征车辆购置税。

（九）小排量汽车购置税将恢复到10%

2018年1月1日起，按照《中华人民共和国车辆购置税暂行条例》规定，1.6L及以下排量汽车恢复按10%的法定税率征收车辆购置税。此前，出于对小排量汽车的发展支持，国家出台政策，对小排量汽车购置税进行优惠。

（十）贷款买新能源汽车自用，首付仅需15%

中国人民银行、中国银行业监督管理委员会联合发布的《关于调整汽车贷款有关政策的通知》自2018年1月1日起实施。其中传统动力汽车贷款最高发放比例不变，自用车贷款的金额不得超过借款人所购汽车价格的80%。而二手车贷款最高发放比例从50%调整为70%。新增加的新能源汽车贷款条例明确，自用新能源汽车贷款最高发放比例为85%，商用新能源汽车贷款最高发放比例为75%。

（十一）强迫购物将被吊销导游资格证

《导游管理办法》于2018年1月1日实施。办法规定，导游应当携带电子导游证、佩戴导游身份标识，并开启导游执业相关应用软件。旅游者有权要求导游展示电子导游证和导游身份标识。办法明确，导游执业过程中不得出现擅自变更行程、诱骗或强迫消费、向游客索取小费等11项违法违规行为，并在办法罚则部分对违反导游执业管理规定的行为，明确了相应的法律责任。

（十二）“刷单炒信”可吊销营业执照

新修订的《中华人民共和国反不正当竞争法》于 2018 年 1 月 1 日起实施。新版法律完善了虚假宣传行为的规定，将虚假和引人误解的商业宣传区别开来，明确规定“经营者不得对其商品的性能、功能、质量、销售状况、用户评价、曾获荣誉等作虚假或者引人误解的商业宣传，欺骗、误导消费者”。新《反不正当竞争法》明确规定，“刷单炒信”和帮助“刷单炒信”将会面临二十万元以上一百万元以下的罚款；情节严重的，处一百万元以上二百万元以下的罚款，甚至可以吊销营业执照。

（十三）公共图书馆四类服务全免费

《中华人民共和国公共图书馆法》将于 2018 年 1 月 1 日起正式施行。此次公共图书馆法对公共图书馆的建设、运行、服务、管理和保障等做出了具体规定，并提到了四类免费服务，分别是：

文献信息查询、借阅；

阅览室、自习室等公共空间设施场地开放；

公益性讲座、阅读推广、培训、展览；

国家规定的其他免费服务项目。

（十四）新修订的《中华人民共和国标准化法》实施

新修订的《中华人民共和国标准化法》于 2018 年 1 月 1 日起开始施行。新法制定法规目标更明确，突出了对质量安全的要求。明确保障人身健康和生命财产安全，维护国家安全、生态环境安全是制定法规的宗旨。

（十五）取消钢材、绿泥石等产品出口关税

国务院关税税则委员会印发的 2018 年关税调整方案称，自 2018 年 1 月 1 日起，我国将取消钢材、绿泥石等产品出口关税，并适当降低三元复合肥、磷灰石、煤焦油、木片、硅铬铁、钢坯等产品出口关税。

（十六）BIM 领域首份细则性国标将实施

建筑信息模型（BIM）领域首份细则性国家标准《建筑信息模型施工应用标准》，将于 2018 年 1 月 1 日起实施。该《标准》是我国第一部建筑工程施工领域的 BIM 应用标准，填补了我国 BIM 技术应用标准的空白。

BIM（Building Information Modeling，建筑信息模型）是一种利用信息技术和数字模型对建设工程项目进行设计、施工、运营管理的方法，业界把 BIM 技术视为 CAD 之后建筑行业的第二次革命。大到摩天大楼，小到螺丝钉，都可以通过 BIM 技术虚拟呈现。

在了解了与农民创业有关的新政策后，还需对新政策的具体执行情况进行了解，因为各个地方的政策执行情况实际上是不一样的。这些了解是非常必要的。因为有些地方政策虽出台，平台对接仍欠缺。

2015 年以来，国务院首次将农民工返乡创业作为“新动能”，纳入大众创业、万众创新的战略中统筹考虑，随之，全国各地掀起了“归雁经济”发展热潮，大批在技术、资金等方面有所积累的农民工陆续走上回乡创业之路。据四川省农劳办最新数据显示，2015 年 1 月至 11 月，四川省共有 4.2 万农民工返乡创办企业，但对比该省千万基数农民工总量而言，回“巢”者仍占较小比例，一些有实力的川籍农民工

企业家选择对此持观望态度，不敢轻易动身。

如庞某是四川泸州人，祖辈务农，1989年初中毕业后，面对家庭困顿窘境，他和同村的几位大哥只带了简单行囊，远赴广东东莞谋生路，发誓一定要摘掉穷帽子，那一年他17岁。初到陌生之地，帮农户种菜，只能在山里窝着；做建筑工，只供饭不给工钱。找不到正经工作，就办不了暂住证，作为非法流动人员一旦被抓就要收容3个月，于是四处流窜，爬过草地、睡过桥洞。

“那时候出来打工都这样，什么苦都得吃，心里只有一个信念，就是活下去。”为了改变现状，庞某拿出180元的全部家当，在中介的帮助下成为一家韩资企业缝纫培训工，由于勤奋好学，他很快成为生产线组长，到1996年已成为该企业高级管理人员，此后他又在日资、台资和欧洲一些跨国公司任职，其间自费完成了大学函授课程。在经验和财富得到一定积累后，2007年他成立了自己的毛绒玩具公司，并不断发展壮大。

在外奔波20多年，庞某说自己看起来成功，其实还是失败的人。“为人子、为人夫、为人父，都是缺位，我就像个流浪者一样始终在外漂，总不能活一辈子只学会了赚钱。”如今，庞某有资金、懂技术、会管理，在当下国家鼓励发展“归雁经济”的大好形势下，他说自己很想回家发展，为家乡发展贡献一己之力，带动一批父老乡亲致富，然而真正要下这个决定时，反而又有了犹豫。

“回不来，也离不开。”这是他所面临的两难尴尬。对家乡，想回却回不去，因为自己的事业、团队、人脉、资源全部都在东莞，离家20余年，对于家乡的人、事、环境已是十分陌生，此外团队组织也是很大的问题，在社保等关乎员工切身利益的政策方面无法实现跨省接续转移的现状下，想要把已经磨合成熟的团队全部拉回几乎是不可能完成的，而若要一切归零、重头来过，人到中年的自己不知还能否承受。

对于东莞，则是融不进却也离不开。父母、妻儿都在老家，不管生活多么富足，在东莞也会觉得是客，特别是之前在政策吃紧情况下，即便是纳税大户，他也没能真正成为东莞人，如今孩子已经上大学，落户对他失去了吸引力，能不能在户籍上“转正”已不那么重要，然而由于多年打拼的事业在那里，无论如何也做不到两袖清风地甩手走人。同样在东莞打拼多年的唐某也面临庞某的纠结与苦楚。“很想回家，但总觉得两眼摸黑，回家后怎么发展都是懵的。”

唐某是四川达州达县人，2014年有了创业念头后，几经犹豫最终还是把自己的制刷公司落在了东莞。“能够回乡发展自然是最好的，可是对家乡政策方面了解很少，创业环境也不熟悉，不敢冒风险。”唐某说，他们这群20世纪80年代末出来打拼的农民工，如今有相当部分成长起来，具备创业的综合实力，但现状却是“生在四川，活在他乡；根在四川，事业在远方”，虽然心念家乡，为了赚钱却只能习惯眼下这种自由的不受控状态。

“凤凰归巢还需梧桐引路，这些在外打拼的勇敢者最清楚自己想要什么。”贾德先认为，吸引他们回乡创业就业，不仅是地方经济发展的需要，也是解决当前留守儿童、老人等社会问题的关键，而想要真正实现他们的还家梦，显然还需要政府及各相关部门的更多努力。[1]

农民创业不但缺乏社会支持网络，政策支持的平台也不够，农民创业的制度供给严重不足，缺乏持续有效的长期制度的支持，例如金融系统支持乏力等。各级政府都在中央政府的号召下出台大致相同的鼓励农民工返乡创业的政策，但执行的过程中常会出

[1] 高柱，李娜：农民工回乡创业遇尴尬：政策虽出台平台对接仍欠缺，工人日报，2015-12-24。

现执行困难，优惠政策得不到落实，各部门之间信息沟通不畅。各种政策雷声大雨点小。例如，政府明确出台政策降低农民工创业贷款门槛，但哪个主体部门或是金融机构降低这一门槛？怎么降低？降低多少？申请贷款的具体条件又该如何？都没有明确的研究和标准。审批贷款过程中的负责人是谁？权责不清的情况下极容易造成责任相互推诿的情况，以致最后导致农民创业的优惠政策得不到落实。

二、2018 年农业补贴项目

在创业中，还需了解税费减免政策、精准扶贫政策、城市管理政策、环境保护政策和农业补贴政策。下面是 2018 年与农业有关的补贴项目。

农业补贴是国家政府对农业支持与保护政策体系中最主要、最常用的措施。2017 年，国家提出了农业补贴的“精准性”，而 2018 年这一要求将会延续下去；同时，补贴将实行“先建后补”的形式，补贴资金额度不得超过自筹资金的额度。

未来农业补贴的主要改革方向，是建立以绿色生态为导向的农业补贴制度。综合农业部、财政部共同制定的惠农强农政策，以及财政部的文件《农业生产发展资金管理办法》来看，2018 年我国的农业补贴正在向这 3 个方向转变：

1. 补更环保的产业；

2. 补更有生产效率的产业；

3. 补有利于加强食品安全的产业。

2018 年农业补贴资金与数量的变化

2018 年，正值农业改革大踏步阶段。可以预见，农业补贴仍是呈上涨趋势。那么，在农业补贴资金与数量上会有哪些变化?

1. 农业补贴资金总额上涨幅度不大

根据今年的情况来看，明年农业补贴金额虽呈整体上涨趋势，但上涨幅度不会太大。因为当前国家最重要的是供给侧改革，按当前惠农补贴数额来说，也是结构调整问题，并不是增量问题。

2. 农业补贴数量会增多

鼓励产业发展，就会支持更多项目。例如，农业综合开发和农业产业化经营项目对所有合作社和家庭农场都敞开大门，只要在相关部门登记过，都可以申请项目，并且申报材料更简单。类似这样的项目支持在 2018 年还会增加，目的就是要把产业扶起来。[1]

表 21　2018 年 31 个农业项目申报指南

序号	申报项目	申报时间	申报口径	申报范围
1	农民合作社示范社项目申报	1—6 月	农业部农村经济体制与经营管理司	省级示范社
2	耕地保护与质量提升补助项目申报	3 月前	农业部发展计划司	耕地质量提升综合技术
3	水产品苗种繁育及养殖示范场项目申报	2—6 月	农业部、国家农业综合开发办公室	水产苗种繁育基地及健康养殖示范场
4	秸秆养畜项目申报	2—6 月	农业部、国家农业综合开发办公室	牛、肉、羊优势产业

[1] 干货：2018 年 31 个农业项目补贴申报指南出炉！京燕网，2018-01-03。

（续表）

序号	申报项目	申报时间	申报口径	申报范围
5	基层农技推广体系改革与建设补助项目申报	2—3 月	农业部财务司	农技推广
6	现代农业产业园项目申报	3—4 月	农业部、财政部	优势特色产业引领区、现代技术与装备集成区、一二三产业融合发展区、新型经营主体创业创新孵化区、现代农业示范核心区
7	粮棉油糖高产创建项目申报	3—5 月	农业部、财政部	粮棉油糖高产创建、菜果茶标准化创建
8	农机购置补贴项目申报	3—5 月	农业部、财政部	以绿色生态为导向的相关试点
9	农业资源及生态保护补助项目申报	3—5 月	农业部、财政部	耕地质量提升、草原禁牧补助、草原生态修复治理、渔业资源保护等支出
10	农业生产救灾资金项目申报	3—5 月	农业部、财政部	小麦“一喷三防”、草原鼠害防治、边境草原防火隔离带
11	农业生产全程社会化服务项目申报	4—12 月	农业部、财政部	粮、棉、油、糖等主要农产品生产全程社会化服务
12	测土配方施肥补助项目申报	4 月前	农业部、财政部	测土配方肥补助
13	农产品产地初加工补助项目申报	4 月前	农业部财务司	马铃薯贮藏窖、果蔬保鲜库和烘干设施

（续表）

序号	申报项目	申报时间	申报口径	申报范围
14	田园综合体建设项目申报	5—6 月	财政部	生产体系、产业体系、经营体系、生态体系、服务体系、运行体系等六大支撑体系
15	物流业转型升级项目申报	5 月	国家发展改革委员会	物流工程的建设、完善
16	国家农业全产业链开发创新示范区项目申报	6—7 月	农业部办公厅、国家农业综合开发办公室	国家现代农业示范区或农业综合开发现代农业园区试点项目所在县（市、区）
17	国家农业综合开发产业化发展项目申报	6—7 月	国家农业综合开发办公室	专业大户、家庭农场、农民合作社和涉农企业
18	现代青年农场主计划项目申报	6—8 月	农业部科技教育司	现代青年农场主培育
19	产城融合示范区项目申报	7—8 月	国家发展改革委员会	现代农业产业园项目
20	农业部主食加工业示范企业申报	7—9 月	农业部办公厅	以农产品为原料的主食加工企业
21	新型职业农民培育项目申报	7—8 月	农业部办公厅	新型农业经营主体
22	国家农业综合开发产业融合项目申报	7—10 月	农业部、国家农业综合开发办公室	产业融合、土地托管、有机肥和低残农药、农膜项目

（续表）

序号	申报项目	申报时间	申报口径	申报范围
23	“杰出青年农业科学家”资助项目申报	7—10 月	农业部人事劳动司	青年农业从业人员
24	“全国杰出农村实用人才”资助项目申报	8—10 月	中国农学会	种养大户、家庭农场主、科技示范户、农民合作社骨干、大学生村干部、基层组织负责人和返乡创业者等
25	农业综合开发林业示范项目申报	2018 年 8 月—2019 年 6 月	国家林业局、国家农业综合开发办公室	木本油料、国家储备林、林下经济、区域特色经济林等林业示范项目
26	国家农业综合开发项目申报	8—12 月	农业部、国家农业综合开发办公室	农作物良种生产及加工基地、园艺类良种繁育及生产示范基地、果茶育繁推一体化种苗基地试点、畜禽良种繁育项目
27	区域生态循环农业示范项目申报	8—12 月	农业部、国家农业综合开发办公室	农副资源收贮、农副资源饲料化加工、种养结合农田消纳基地、畜禽养殖废弃物处理、秸秆综合利用、其他符合的建设内容
28	国家级稻渔综合种养示范区项目申报	9—12 月	农业部、国家农业综合开发办公室	稻田、冬闲田资源丰富的稻渔综合种养优势区域
29	农民工等人员返乡创业行动计划申报	2018 年 12 月 31 日前	农业部等五部委	落实定向减税和普遍性降费政策、落实农业农村产业扶持政策、加强新政策创设

（续表）

序号	申报项目	申报时间	申报口径	申报范围
30	农业综合开发存量资金土地治理项目申报	2019年3月前	国家农业综合开发办公室	高标准农田建设、生态综合治理、中型灌区节水配套改造
31	现代种业提升工程农作物种子项目申报	2019年1月前	农业部	种质资源保护利用、育种创新基地、品种测试、制（繁）种基地

（注：在此期间，国家进行大部制改革，有的申报路径有所变更，应按照变更后的职能部门申请。）

三、农村土地流转政策

农村土地政策历来是关系“三农”问题的最重要的政策。农村承包经营、乡村旅游发展、农创客现象的出现，都与农村土地政策息息相关，因此，加深对农村土地政策的了解，对农民创业活动的有效开展非常重要。在此，主要通过对农村土地承包制度最新状况进行描述，让读者了解农村的土地政策和基本制度。

（一）农村基本经营制度如何完善？

党的十九大报告指出，巩固和完善农村基本经营制度，深化农村土地制度改革，完善承包地“三权”分置制度。保持土地承包关系稳定并长久不变，第二轮土地承包到期后再延长三十年。

稳定农村土地承包关系，是党中央确立的农村承包土地“三权”分置改革的制度基础。把农户承包经营权落实到地块，使农户承包地权属更加明晰，农民流转承包地就能更踏实，利益预期就能更明确，农户才能放心流转、稳定流转。

巩固和完善农村基本经营制度，是构建现代农业产业体系的基石。农业部经管司司长张红宇表示，巩固和完善农村基本经营制度，就可以不断推进农业经营体制创新，不断壮大农村新型经营主体，加快农业经营方式实现“两个转变”，即家庭经营向采用先进科技和生产手段方向转变，增加技术、资本等生产要素投入，着力提高集约化水平；统一经营向发展农户联合与合作，形成多元化、多层次、多形式经营服务体系方向转变。

当前，要壮大集体经济，增强集体组织服务功能，培育农民新型合作组织，发展各种农业社会化服务组织，鼓励龙头企业与农民建立紧密型利益联结机制。充分尊重农民的意愿，把小农户经营引入现代农业规模化、集约化发展轨道上来，已经成为国家政策的导向和趋势。

（二）农村集体产权制度改革如何深化?

党的十九大报告指出，深化农村集体产权制度改革，保障农民财产权益，壮大集体经济。坚持归属清晰、权能完整、流转顺畅、保护严格的农村集体产权制度改革的原则。

按照《中共中央　国务院关于稳步推进农村集体产权制度改革的意见》，改革的目标就是要逐步构建归属清晰、权能完整、流转顺畅、保护严格的中国特色社会主义农村集体产权制度。

实现这个改革目标，需要发展新型农村集体经济。目前，全国40%左右的村成立了农村集体经济组织，60%左右的村是由村民委员会代行职能。从实践看，建立健全农村集体经济组织是方向。这个新型集体经济，新在不是传统的“一大二公”的集体经济，而是集体成员边界清晰、集体产权关系明确的股份合作经济。

需要符合市场经济要求的农村集体经济运行新机制。这个经济运行新机制，新在要坚持市场导向，赋予农村集体经济组织市场主体地位，盘活集体资产，创新集体资产运营管护机制。需要全面激发农业生产要素的活力。唤醒农村沉睡的资产，才能有效推进现代农业和新型农村建设，才能有效增加农民收入。目前，在农民可支配收入中，工资性收入占比 49.5%，家庭经营收入占比 35.9%，转移性收入占比 11.0%，财产性收入占比 3.6%。

需要形成有效维护农村集体经济组织成员权利的治理体系。要落实农民的土地承包权、宅基地使用权、集体收益分配权和对集体经济活动的民主管理权利，形成有效维护农村集体经济组织成员权利的治理体系。

农村集体产权制度改革的任务已经明确，要把选择权交给农民，由农民选择而不是代替农民选择，按农民的意愿办，整个改革都要体现农民参与和农民受益。

对土地等资源性资产，要按照中央已有的部署继续搞好土地确权登记颁证工作，完善“三权”分置制度，保持现有土地承包关系稳定并长久不变。同时，对非经营性资产，包括集体所有的办公用房、卫生所、小学校等，主要是探索建立集体统一运行管护机制，为集体成员提供公益性服务，不宜搞折股。经营性资产，是这轮改革的重点，要着力推进资产确权到户，发展多种形式的股份合作。

小结

农民在创业过程中，必须对相关政策和法律制度有所了解，这些制度规范对创业项目选择、创业进展、创业中风险规避有很重要的作用。可以说，了解政策不误工，很多时候还会起到帮助创业，避免走弯路的作用。

Chapter 8
第八章

创业需要懂点法律

一位创业者，一位市场的“弄潮儿”，通常还是需要了解一些相关的法律知识，如合同法、规范市场经营类法律等。创业有风险，法律常相伴，不是我不小心，而是现实无法抗拒。因此，提高警惕，凡事多商量，不要轻易做决定。

大多数农民在创业过程中特别是在创业初期缺少相关的法律知识，或者说虽然具备了一定的法律知识，但在创业后只注重盈利、市场、融资等工作，忽略了人事、财务等方面的法律问题。加上专业律师费昂贵，很少有农民创业者会考虑聘请专业的律师或法律服务机构。但是，一位创业者，一位市场的“弄潮儿”，通常还是需要了解一些相关的法律知识，如合同法、规范市场经营类法律等。

这些法律虽然不能囊括农民创业过程的全部法律问题，但至少常见的问题都在其中。这些法律知识，轻则帮你节约创业成本，避免赔偿，重则有可能帮你避免纠纷和官司。在此，笔者对与创关相关的法律进行简单的解释。

合同法：关于市场交易规则的民事法律，是创业者作为一方与平等民事主体签订合同的法律依据。

规范市场经营类法律：属于经济法范畴，主要是维护市场正常运行的法律。

劳动法：针对劳动关系设立的法律，主要是规范雇主与雇员之间的权利与义务。

知识产权法：对知识产权的认可、归属、使用等进行管理和保护的法律规范。对农民创业者来说，使用知识产权或保护其智力成果，都需要知识产权法来保驾护航。

法律知识的专业性比较强，尤其对于一个门外汉来说，全面掌握还是存在一定困难的。在此，本书归纳了一些创业者在创业活动中可能遇到的法律方面的问题。

一、口说无凭、立字为据：论合同的重要性

市场经济社会中，经济往来很重要的一个环节是签订合同。在创业过程中，各种大大小小的项目都免不了要签订合同，有时候在商业谈判中，虽然就各种事项都商议确定，但最终结果还是要落到书面的合同上，并且要经过双方签字盖章，才能生效。特别是一些复杂、期限长的交易，更应该订立书面协议。在你和合作伙伴、市场交易主体签订合同时，建议您注意如下的几个小细节。

（一）对方的基本信息很重要

签订合同的目的是将来产生纠纷有依据可遵守，处理纠纷的办法或者协商或者诉讼或者仲裁都要以合同的约定为准。如果起诉或仲裁的话，被告或者被诉人的身份一定要确定。假如，对方是个人，而合同上只有对方名字和电话，没有其他任何信息，你又无从查询，那么你的诉状或者仲裁申请书就没法写，你就会面临起诉无门或者被驳回的尴尬局面，你的权利当然就得不到保护。建议：把自然人的身份证件作为合同的附件，注明对方的住址和通信方式。如果对方是公司，那么就要把公司的营业地注明，公司的通信电话注明，这些信息以营业执照上登记的信息为准。

注意：合同签订时应当审查对方的纳税资格，分清是增值税一般

纳税人还是小规模纳税人，并在合同中完善当事人名称和公司名称、纳税人识别号、地址、电话、开户行、账号等相关信息。签订合同时要考虑服务提供方的纳税资格，提供的结算票据是否是增值税专用发票，增值税率是多少，能否抵扣，再分析、评定报价，从而有利于节约成本、降低税负，达到合理控税、降本增效的目的。

（二）确认合理的价款

签订合同总价款时应该明确约定不含税的价款是多少，税率是多少，含税总价款是多少。采购过程中，可能会发生各类价外费用，税法规定的价外费用主要包括价外向购买方收取的手续费、补贴、基金、集资费、奖励费、违约金、滞纳金、延期付款利息、赔偿金、代收款项、代垫款项、包装费、包装物租金、储备费、运输装卸费以及其他各种性质的价外收费。价外费用金额涉及增值税纳税义务以及供应商开具发票的义务，有必要在合同约定价外费用以及价外费用金额是否包含增值税。

（三）对不同税率的服务内容应当分项核算

后"营改增"时代，同一家企业可能提供多种税率的服务，甚至同一个合同中包含多种税率项目的情况也会经常发生。对兼营的不同业务，一定要在合同中明确不同税率项目的金额，明确地根据交易行为描述具体的服务内容，并进行分项的明细核算，以免带来风险。

（四）约定提供发票的要领

增值税专用发票涉及抵扣环节，开具不了增值税专用发票或者增值税发票不合规，都将给受票方造成法律风险和经济损失。因此应将取得增值税发票作为一项合同义务列入合同的相关条款，同时考虑在合同中增加“取得合规的增值税专用发票后才支付款项”的付款方式条款，规避提前支付款项后发现发票认证不了、虚假发票等情况发生。另外，增值税发票有在180天内认证的要求，合同中应当约定一方向另一方开具增值税专用发票的，一方应派专人或使用挂号信件或特快专递等方式在发票开具后及时送达对方，如逾期送达导致对方损失的，可约定相应的违约赔偿责任。

（五）规避四流不一致的风险

签订合同时要保证“合同流、资金流、发票流、货物流”的完全一致，如果四流不一致，将不能对税款进行抵扣。合同中应当约定由供应方提供其发出货物的出库凭证及相应的物流运输信息。如果货物由供应方指定的第三方发出，为了避免四流不一致，导致虚开发票的行为，需要明确供应方提供与第三方之间的采购合同等资料。当然，在实际签订合同时仍需要根据具体情况进行设定。

（六）合理筹划纳税义务发生时间

财税〔2016〕36号文关于增值税纳税义务发生时间规定：纳税人发生应税行为并收讫销售款项或者取得索取销售款项凭据的当天；先开具发票的，为开具发票的当天。收讫销售款项，是指纳税人销售服务、无形资产、不动产过程中或者完成后收到款项。取得索取销售款项凭据的当天，是指书面合同确定的付款日期；未签订书面合同或者书面合同未确定付款日期的，为服务、无形资产转让完成的当天或者不动产权属变更的当天。纳税人可以通过合同约定改变纳税义务发生时间，进行适当的节税安排。

（七）提供担保

对于那些信誉不好的小公司或者自然人（尤其是没有固定工作、外地自然人）为约束他认真履行合同，最好让他提供担保，这样，即使他无能力偿还或者赔偿你的损失，可以要求保证人代为承担责任或者以担保的财产抵偿。担保包括人保和物保。人保主要是要求对方提供保证人。物保主要包括动产的质押和不动产的抵押两种。

（八）合理处理跨期合同

“营改增”后未执行完毕的合同，应将未执行部分涉及的税金，由营业税调整为增值税，合同条款修订的过程中可能存在很大的风险，企业应：一是要严格区分合同执行时间及纳税义务发生时间，如果纳税义务在“营改增”之前的，按原合同条款执行；如纳税义务发生在“营改增”之后的，应与合同方签订相对应的补充协议。二是需要明确供应商应提供增值税发票类型以及合同双方银行账户和纳税人信息，保证合规使用增值税发票。三是对部分供应商合同条款进行修订，按照“营改增”政策要求，修改合同总价、不含税价格、增值税金额，明确提供发票类型、价款结算方式与开票事宜等内容。

（九）合同中应当约定合同标的发生变更时发票的开具与处理

合同标的发生变更，可能涉及税收风险，需要关注发生的变更是否对己方有利。合同变更如果涉及采购商品品种、价款等增值税专用发票记载项目发生变化的，则应当约定作废、重开、补开相关票据。如果收票方取得增值税专用发票尚未认证抵扣，则可以由开票方作废原发票，重新开具增值税专用发票；如果原增值税专用发票已经认证抵扣，则由开票方就合同增加的金额补开增值税专用发票，就减少的金额开具红字增值税专用发票。

（十）销售折让、退回的税务处理

财税〔2016〕36 号文规定，纳税人发生应税行为，开具增值税专用发票后，发生开票有误或者销售折让、中止、退回等情形的，应当按照国家税务总局的规定开具红字增值税专用发票。其他文件对红字发票开具做了具体规定，其中，专用发票已交付购买方的，购买方可在增值税发票系统升级版中填开并上传“开具红字增值税专用发票信息表”或“开具红字货物运输业增值税专用发票信息表”，信息表所对应的蓝字专用发票应经税务机关认证。

（十一）合同应与企业的“三证统一”

要注意企业签订的合同与其他法律凭证、会计凭证和税务凭证的相互印证、相互联系和相互支持。“三证统一”具体而言是指合同与企业的账务处理相匹配、合同与企业的税务处理相匹配、合同与企业发票开具相匹配。企业一定要保证法律凭证、会计凭证和税务凭证的“三证统一”。同时，会计凭证和税务凭证上的数据必须与法律凭证中的数据始终保持一致，否则会面临很大的风险。[1]

（十二）违约责任要明确具体，要规定违约金

很多合同中虽然约定了违约方要承担损失等，但是并没有具体的标准，使得实际执行起来没法确定，造成一定的举证不能，很多损失因缺乏足够的依据和证据支持而得不到法院的支持。比如，对违

[1] 仝铁汉：签订合同中应注意的“十大要点”，http://blog.sina.com.cn/，2016-10-26。

约方可以这样约定：违约方支付对方货款总额的 20% 的违约金。同时，对于违约具体内容的约定一定要具体明确，否则，连违约的问题都没法确定，那损失或者违约金的约定也就失去了意义。

（十三）权利义务内容要具体明确

比如，一个土地租赁合同，一定要明确土地的四至（即具体的边界），不能产生歧义，而且一定要有双方盖章认可的位置图，防止对方钻空子。

（十四）明确定金和订金的含义

定金是订立合同的保证或者叫担保。一旦在合同中约定定金条款，即意味着收到定金的一方违约要双倍返还对方；交付定金方违约无权要求返还定金。

订金是订立合同的资金。合同不能履行，收到订金的一方要返还订金。不会涉及双倍返还的问题。

实践中，很多合同会将“定金”写作“订金”，而事实上这两个词虽然音相似但意思却大不同。“订金”一般认为是预付金，收订金的一方并没有双倍返还的义务。此外还有“保证金”“诚意金”“意向金”等，都不能产生“定金”的效果。但是，如果在合同条款中明确“双倍返还”，那就会产生“定金”的效果，此时应该看到的是实质作用，而不是简单名称。

（十五）格式条款

在创业中，经常会遇到格式条款。格式条款是当事人为重复使用而预先拟定，并没有在订立合同过程中与对方进行协商的条款。值得注意的是，因为格式条款是一式多用，然而具体的现实情况是非常复杂的，在不同情境下对格式合同难免会有不同的理解。如果在现实中，格式条款的签订双方对合同存在争议，有两种以上解释时，按照我国合同法规定，应做出不利于提供格式条款一方的解释。所以当格式条款为己方提供时，应该格外注意是否有歧义，是否可能存在其他解释的可能，若有，在双方确定明确意思后，在合同上可以注明，这些注明可以作为合同条款，与合同一起生效。否则，就会按照对方解释作为合同条款被认定，这有可能让创业者蒙受巨大损失。

表 22　格式条款解释方与提供方的分配方案

提供方 / 解释方	甲	乙
甲		√
乙	√	

（十六）违约救济——诉讼时效

诉讼时效是指民事权利受到侵害时，当有效期超过时效期限时，人民法院对权利人的权利不再进行保护的制度。

一般来说，诉讼时效为两年。这提醒创业公司，在权益受到侵害时建议创业主体迅速做出反应，采取措施，向违法者主张权利，或向法院主张诉讼。否则，长时间懈怠，不积极行使权利可能会导致诉权消灭，创业主体就会处在十分被动的地位——丧失胜诉权。

诉权是说你有起诉的权利。即超过诉讼时效到法院起诉，法院也会受理。

胜诉权是说你有胜诉也就是打赢官司的权利。比如在诉讼时效期已过的情况下，你有权去法院起诉，只要对方主张超过诉讼时效，法院便不会判你胜诉，也就说你没有胜诉的权利。当然，在对方没有主动提出诉讼时效问题时，民事纠纷中法院不会主动提出超过诉讼时效问题。

另外，如何在实践中确定诉讼时效呢？可以确定履行期限的，诉讼时效期间从履行期限届满之日起计算；不能确定履行期限的，诉讼时效期间从债权人要求债务人履行义务的宽限期届满之日起计算，但债务人在债权人第一次向其主张权利之时明确表示不履行义务的，诉讼时效期间从债务人明确表示不履行义务之日起计算。诉讼时效本身是一个不太好理解的法律技术，在这里告诉你一个非常简便的方法：

诉讼时效因权利人主张会中断。中断后重新计算诉讼时效，以前的时间会清零。下列事项之一，人民法院应当认定与提起诉讼具有同等诉讼时效中断的效力：

（1）申请仲裁；

（2）申请支付令；

（3）申请破产、申报破产债权；

（4）为主张权利而申请宣告义务人失踪或死亡；

（5）申请诉前财产保全、诉前临时禁令等诉前措施；

（6）申请强制执行；

（7）申请追加当事人或者被通知参加诉讼；

（8）在诉讼中主张抵销；

（9）其他与提起诉讼具有同等诉讼时效中断效力的事项。

二、依法创业

依法创业是每个农民创业者所必须遵守的。创业在产业选择、经营模式等方面必须遵守国家的法律规定。

（一）产业合法

浅析农民专业合作社违规经营手段的新变化

当前，农民专业合作社超出经营范围违规吸储或发放贷款现象已经引起政府相关主管部门的重视，对因此导致诉讼的案件法院通常以无效合同认定，一定程度上打击了这种非法行为的产生，维护了农民资金安全和农村金融秩序。江苏阜宁法院通过对2012年41起涉及农民专业合作社的诉讼纠纷案件进行分析发现，一些农民专业合作社为获取更大利益，在经营过程中采取了一些规避法律的“新花样”，导致法院在认定合同效力时产生困难，切需引起重视。

一是采取发放“社员证”等方式使吸储放贷行为形式合法化。由于农民专业合作社是以成员作为主要服务对象的互助性经济组织，其经营范围中并没有对非合作社成员吸储或放贷的权利。一些农民专业合作社为谋取非法利息，在非合作社成员向其贷款或向非合作社成员吸储时，采取了先将相关对象吸纳为社员再订立合同的方法，以避免借款合同涉诉后被认定无效。常见做法就是为非合作社成员办入社手续，向非合作社成员发放“社员证”，相关账务表面上也无违规之处，从而使吸储或放贷行为在形式上合法化。

二是违背立社初衷将吸储或放贷作为专业合作社的实际主业。根据《中华人民共和国农民专业合作社法》的规定，设立农民专业合作社的本意是为合作社成员提供农业生产资料的购买，农产品的销售、加工、运输、贮藏以及与农业生产经营有关的技术、信息等服务。但现在所谓的生猪合作社、种子合作社或蔬菜合作社等实质上都从事的是资金储贷业务。即便是资金合作社，其向成员提供资金支持也与农业生产、经营无关。

三是扩大服务对象范围与非成员单位或个人发生经营行为。依据《中华人民共和国农民专业合作社法》的规定，农民专业合作社应当以成员作为主要服务对象，由于相关条文并未一律禁止与非成员的单位或个人发生经营行为，一些合作社为谋取利益，将合作社资产提供给非成员单位或个人使用或经营。比如一些蔬菜专业合作社将合作社的大棚出租给非成员的农民从事种植等。引发发生诉讼时，法官难以认定相关行为是否合法。司法实践中即有部分法官认为,农民专业合作社作为法人单位，只要未从事禁止性经营，其对外经营行为一般应认定为有效。也有法官认为，农民专业合作社系公益性法人组织，享受一定的税收优惠政策，相关条文虽规定成员为“主要”服务对象，但不应作扩大解释，对与非成员单位或个人发生经营行为的均应认定为无效。[1]

（二）经营手段合法

经营手段要合法的内容涉及较广，下面用案例来说明。

在豫东一些农村，个别返乡农民工由于对政策和法律不了解，竟然做起了毒杀麻雀卖给饭店的“生意”，殊不知目前麻雀已是国家保护动物，毒杀达到一定数量就构成犯罪。法官表示：“市场经济是法治经济，法律知识在企业的经营过程中会发挥风险避免和利益争取的作用，更重要的是在企业的管理中法律及其思维方式也有独到的作用，对有志于创业的返乡农民工而言，这些知识须臾不可少。”

但是也应该注意，国家原来禁止的一些创业行为，现在变得放开了，允许从事了。如下面的例子对摆摊经营的农民来说是一个利好消息。

[1] 谢天德：浅析农民专业合作社违规经营手段的新变化，中国法院网，2013-04-10。

农民进城摆摊合法化，不再属于无证经营！

国务院近日公布《无证无照经营查处办法》，2017年10月1日起施行。《办法》规定，在县级以上地方人民政府指定的场所和时间，销售农副产品、日常生活用品，或者个人利用自己的技能从事依法无须取得许可的便民劳务活动，不再属于无证无照经营。

目前的农村，农产品销售渠道比较单一，再加上部分农民盲目跟风种植，这就导致了农产品的滞销。菜贱伤农、果贱伤农、瓜贱伤农的不断上演，严重影响了农民的种地收入。在这样的情况下，一些农民会选择进城摆摊，自行出售农副产品，以便减少种地的损失。

对很多农民而言，有些脑子活的农民兄弟，到人口集中的地区卖点农产品，开着车把菜拉到城市里销售，从田间到市场，是增加收入的主要途径。

然而农民进城出售农副产品，并没有固定的摊位，再者也不清楚摆摊的各项要求，不知道哪里允许摆，哪里不允许摆。很容易违反公共秩序的维护、城市容貌的维护等相关规定，最重要的是涉及了无证经营。这使得一些进城摆摊的农民，会与城市管理人员发生争执，并引发一些矛盾。很多农民或者小摊贩在路边经营小生意总是提心吊胆。

为维护农民的利益，并兼顾市容的维护，近期国务院公布了《无证无照经营查处办法》。其中明确规定，在县级以上地方人民政府指定的场所和时间，销售农副产品、日常生活用品，或者个人利用自己的技能从事依法无须取得许可的便民劳务活动，不再属于无证无照经营。这就意味着，只要符合当地政府的规定时间、场所，农民进城出售农副产品就可以合法化了。

同时还约束了城市管理人员的执法方法，明确规定法律和行政法规对其处罚没有明确规定的无照经营行为，适当减轻法律责任，不再予以没收工具，并降低罚款数额。这就意味着，城市管理人员不能再随便禁止农民进城摆摊销售农副产品了，真正做到了有法可依。[1]

但是，对于无照经营，还是要遵循查处无照经营的法律规范。下面附《无证无照经营查处办法》，自 2017 年 10 月 1 日起施行。

无证无照经营查处办法

第一条　为了维护社会主义市场经济秩序，促进公平竞争，保护经营者和消费者的合法权益，制定本办法。

第二条　任何单位或者个人不得违反法律、法规、国务院决定的规定，从事无证无照经营。

第三条　下列经营活动，不属于无证无照经营：

（一）在县级以上地方人民政府指定的场所和时间，销售农副产品、日常生活用品，或者个人利用自己的技能从事依法无须取得许可的便民劳务活动；

（二）依照法律、行政法规、国务院决定的规定，从事无须取得许可或者办理注册登记的经营活动。

第四条　县级以上地方人民政府负责组织、协调本行政区域的无证无照经营查处工作，建立有关部门分工负责、协调配合的无证无照经营查处工作机制。

第五条　经营者未依法取得许可从事经营活动的，由法律、法规、国务院决定规定的部门予以查处；法律、法规、国务院决定没有规定或者规定不明确的，由省、自治区、直辖市人民政府确定的部门予以查处。

[1] 谷城农村人有福了！下月起，农民进城摆摊合法化，不再属于无证经营，2017-09-06。

第六条 经营者未依法取得营业执照从事经营活动的，由履行工商行政管理职责的部门（以下称工商行政管理部门）予以查处。

第七条 经营者未依法取得许可且未依法取得营业执照从事经营活动的，依照本办法第五条的规定予以查处。

第八条 工商行政管理部门以及法律、法规、国务院决定规定的部门和省、自治区、直辖市人民政府确定的部门（以下统称查处部门）应当依法履行职责，密切协同配合，利用信息网络平台加强信息共享；发现不属于本部门查处职责的无证无照经营，应当及时通报有关部门。

第九条 任何单位或者个人有权向查处部门举报无证无照经营。

查处部门应当向社会公开受理举报的电话、信箱或者电子邮件地址，并安排人员受理举报，依法予以处理。对实名举报的，查处部门应当告知处理结果，并为举报人保密。

第十条 查处部门依法查处无证无照经营，应当坚持查处与引导相结合、处罚与教育相结合的原则，对具备办理证照的法定条件、经营者有继续经营意愿的，应当督促、引导其依法办理相应证照。

第十一条 县级以上人民政府工商行政管理部门对涉嫌无照经营进行查处，可以行使下列职权：

（一）责令停止相关经营活动；

（二）向与涉嫌无照经营有关的单位和个人调查了解有关情况；

（三）进入涉嫌从事无照经营的场所实施现场检查；

（四）查阅、复制与涉嫌无照经营有关的合同、票据、账簿以及其他有关资料。

对涉嫌从事无照经营的场所，可以予以查封；对涉嫌用于无照经营的工具、设备、原材料、产品（商品）等物品，可以予以查封、扣押。

对涉嫌无证经营进行查处，依照相关法律、法规的规定采取措施。

第十二条　从事无证经营的，由查处部门依照相关法律、法规的规定予以处罚。

第十三条　从事无照经营的，由工商行政管理部门依照相关法律、行政法规的规定予以处罚。法律、行政法规对无照经营的处罚没有明确规定的，由工商行政管理部门责令停止违法行为，没收违法所得，并处1万元以下的罚款。

第十四条　明知属于无照经营而为经营者提供经营场所，或者提供运输、保管、仓储等条件的，由工商行政管理部门责令停止违法行为，没收违法所得，可以处5000元以下的罚款。

第十五条　任何单位或者个人从事无证无照经营的，由查处部门记入信用记录，并依照相关法律、法规的规定予以公示。

第十六条　妨害查处部门查处无证无照经营，构成违反治安管理行为的，由公安机关依照《中华人民共和国治安管理处罚法》的规定予以处罚。

第十七条　查处部门及其工作人员滥用职权、玩忽职守、徇私舞弊的，对负有责任的领导人员和直接责任人员依法给予处分。

第十八条　违反本办法规定，构成犯罪的，依法追究刑事责任。

第十九条　本办法自2017年10月1日起施行。2003年1月6日国务院公布的《无照经营查处取缔办法》同时废止。

该项政策取代《无照经营查处取缔办法》，自2017年10月1日起实施。这一项政策的实施，必将给农民带来诸多好处。当然了，各位进城“销售农副产品、日常生活用品，或者个人利用自己的技能从事依法无须取得许可的便民劳务活动”的朋友要记得，摆摊要在“县级以上地方人民政府指定的场所和时间”。要做到不占道经营、不妨碍交通、保持环境卫生。毕竟，城市运行也需要秩序，作为公民享受权利的同时也要履行义务。

需要注意的是，涉足一些特种行业，也要遵循当地的法律法规。以下是《西安市特种行业治安管理条例》的宣传图。

图 13　开锁业遵循的管理制度

图 14　旅馆业遵循的经营制度

图 15　洗浴休闲业经营中注意事项

图 16　废旧金属收购业遵循的规范

图 17　典当业遵循的制度

《西安市特种行业治安管理条例》规定，针对开锁业，经营者要确认委托人拥有闭锁物的所有权或者使用权，不能确认的不得承接。现场开锁时，如实填写开锁服务记录单，由委托开锁人、开锁技术人员分别签名、注明联系方式，并留存备查；对委托人的身份和财产信息一定要保密；不得向未经公安机关备案的开锁人员出售、出借专用开锁工具；未经公安机关同意，进行开锁技术培训是明令禁止的。

《西安市特种行业治安管理条例》规定，旅馆业经营者，要如实登记住宿人员姓名、住址、身份证件等信息，并实时向公安机关特种行业治安管理信息系统传输；要执行住宿人员财务保管制；坚决杜绝从事卖淫、嫖娼、赌博、吸毒、传播淫秽物品及其他违法犯罪活动或者为其提供条件。

《西安市特种行业治安管理条例》规定，提供按摩服务的洗浴、足浴等经营性休闲场所，对凌晨二时至八时在场所内休息的人员，一定要查验服务对象身份，如实登记姓名、住址、身份证件等信息，并实时向公安机关特种行业治安管理信息系统传输。

《西安市特种行业治安管理条例》规定，废旧金属收购业的经营者不得在矿区、机场、军事禁区、大中型金属冶炼加工企业周边和铁路沿线附近设点收购废旧金属。一定要执行执法查验登记制度，如实登记交易物品的名称、数量、规格等信息，留存登记的信息并接受公安机关的治安检查。收购大宗生产性废旧金属或者铁路、油田、供电、电信通讯、矿山、水利、测量和市政公用设施等废旧专用器材的，一定要查验并存留其合法来源证明。易燃、易爆、剧毒、放射性物品是不能经营的，国家禁止收购的其他物品是不得收购的。

《西安市特种行业治安管理条例》规定，典当业经营者收当、续当，一定要实行查验登记和保管制度，要如实登记承接物品的名称、数量、规格等信息，并实时向公安机关特种行业治安管理信息系统传输。国家明令禁止流通的财物是不得收当的。

在经营中，应该注意违法的风险，根据《每日经济新闻》的报道，下面从被查的3家快递公司看看快递公司在经营中遇到的风险。

北京飞腾顺达物流公司（以下简称北京飞腾顺达）、上海麦力快递有限公司（以下简称上海麦力）和深圳全信通快递有限公司（以下简称深圳全信通），在未取得快递业务经营许可或仅取得同城经营许可的情况下，擅自面向全国进行招商加盟活动并收取加盟费。北京飞腾顺达和上海麦力都成立于2014年，深圳全信通也是在2014年10月增资扩股后才进军快递行业。目前，3家公司的违法加盟已涉及湖北、贵州、河南、广东、甘肃、山东、江西等多个省份，全国多个地方邮政管理局也对此发出警告。

北京飞腾顺达未取得“快递业务经营许可证”就面向全国招揽加盟商；上海麦力在上海取得“快递业务经营许可证”，已开展上海同城业务，但未获得跨省、自治区、直辖市经营许可资质，擅自面向全国进行招商加盟活动并收取加盟费，涉及省份包括湖北、贵州、河南、广东、甘肃、山东、江西、福建省等。上海市邮政管理局已责令该公司立即终止全国招商加盟的违法、违规行业，撤销所有违法、违规招商宣传，清退所有违法、违规收取的加盟费，并在其官网刊登声明；并按《快递市场管理办法》第四十三条的规定，对上海麦力处以罚款3万元的顶格处罚。上海麦力放弃申请行政复议和举行听证，接受行政处罚并上缴罚款；立即停止了全国招商，并提供了部分退款凭证。

而经深圳市邮政管理局调查，深圳全信通虽经许可在深圳开展快递业务，但该公司却通过在广州召开招商加盟会等方式，面向全国招揽加盟商（地域涉及河南、河北、山东、内蒙古等），现有160余人签了代理合作协议，收取的代理费超过500万元。同时，经核对，相关举报人提供的深圳全信通快递业务经营许可证彩印件系伪造证件的复印件，深圳市邮政局已将有关案件情况移交给深圳市公安局。

国家邮政局郑重提醒，未经许可经营快递业务违反了《中华人民共和国邮政法》第七十二条第一款规定；超业务范围经营违反了《快递市场管理办法》第十条规定；违法加盟违反《快递市场管理办法》第十四条规定。上述3家公司严重扰乱了快递市场经营秩序、损害了消费者的合法权益，予以严厉查处。[1]

（三）合法经营，远离传销

合法经营是创业所必须遵守的红线。因为一些非法手段、非法目的等会导致收入的不合法性，收入不合法不仅得不到法律的保护，而且还会触犯法律。在这里，向大家介绍一些传销的危害，希望创业者在创业中擦亮双眼，特别需要警惕传销的危害。

1. 传销的套路

“人生走过最长路的就是你的套路”，这也许是一句开玩笑的话，但用在传销上一点也不为过。传销这个毒瘤危害社会时日已久。当前的传销组织呈现许多新特点，其中“对象盯紧农民”趋势明显，严重危害了农民朋友的日常生活。我们要学会分辨传销，看清传销

[1] 李卓：3家新创快递公司被查　快递创业将告别草根时代，每日经济新闻（上海），2015-02-27。

那些“套路”，千万别不知不觉上了传销的当！看看传销是怎么“忽悠人”的。

套路一：高额回报的“馅饼”

传销组织者一般会承诺给予参加者高额回报，发展他人加入，参加者再以同样的方式介绍和发展他人加入。共同的就是：画出一张暴利的“虚幻大饼”，不停地向你砸……

据《新京报》下设微信号“重案组 37 号”报道，在燕郊东方夏威夷南岸小区里有一个传销组织，传销人员以“国家支持打造 7 亿中产阶级”为幌子诱骗新人。实际并无产品，也无实体，讲师口中的赚钱模式，就是拉人头入会。

投资 49800 元，回报 450 万元，每天都有来自全国各地的新成员相信自己就是下一个百万富翁。和以往传销不一样，这样的以家庭为单位进行“拉人头”式传销，不限制人身自由，不吃大锅饭，不打地铺。

传销最擅长的就是诱惑。这样的回报率，简直是白日梦啊！空手套白狼，你说正常不正常？

越是急于发财的人，越容易经不起诱惑，上这样的当。许多人对天上的馅饼异想天开，在自己家算自己能赚多少钱。但是，在计算盈利的时候，应该问自己一个问题，“风险在哪里？万一不能兑现怎么办？”不要把事情“想当然”。落入传销陷阱的人想得最多的是赚更多的钱，而设圈套的人可能想的是怎么骗更多的钱，用民间的一句话就是“你图多，他图没”。天上不可能掉馅饼，有可能掉陷阱。

套路二：一本万利的“捷径”

画出了大饼，然后呢？洗脑！不断增强参与者对这块大馅饼的渴望。无论最开始信不信，传销组织者都会不断地灌输谎言，激起人对金钱的渴望。什么“没有比这个更好的赚钱途径了！”“吃苦一阵子，幸福一辈子！”到处迷漫着谎言的气息，轮番换人洗脑灌输。一旦招架不住，从不信到动摇再到信以为真，就真的掉进陷阱了。

据《安徽日报》农村版报道，皖北某乡镇村民宋萍（化名）反映了其丈夫遇到的这样一条“发财捷径”：缴纳7900元培训费，不仅能获得培训机会，还能获得一台高档热水器。一个月后，7900元全额返还，还能额外获得20%的利润。如果拉人过来，发展下线，还能从下线的培训费中获得提成。培训人员不断洗脑——“他们不是去打工的，而是去‘发大财’的。”

在这家公司，宋萍的丈夫接受了培训，并一口气缴纳了16份培训费。可结果是，十几万元的培训费想要讨回，十分困难。

天下没有白吃的午餐！他们所谓“赚大钱”的生意，传销人员干吗非要推销给你？还是骗！传销人员不断地游说，就是要让参与者冲昏头脑！

切记“勿入从众效应”。有的人还是具有一定警惕性的，但在传销不断“洗脑”后，看见别人都干了，别人都入股了，别人都掏钱了，自己也跟着干吧，跟着入股吧，跟着掏钱吧。这些跟随者认为人多风险就小。在此，要告诉大家的是，风险与人数没有必然的联系。有的人数多，也是有风险的。

套路三：熟人之间的“信任”

不少农民被卷入传销组织的最大诱因就是轻易听信熟人言论。很多人卷入传销的漩涡，都是周围的亲戚、朋友等熟人拉进去的。他们或许不是主谋，但是处在一环又一环、一层又一层的利益链条中，有的本身也是受害者。

据《南方都市报》报道，64岁的李伯伯家住湖南某县的农村，平时以务农为生，今年6月底，一个朋友跟他讲在“善心汇”投钱可以有很高的利润，因为不懂互联网，他就委托他的朋友投了3000元进去。对于这个公司是做什么的，老李并不清楚，“我信那个朋友的，因为之前他借过钱给我，他跟我说投这个有钱赚，说这3000元20天就能变成3900元”。

收钱的日子到了，但是他没有收到钱，他找那个朋友问情况，朋友说他也被骗了，“没办法，种地攒下的3000元全投进去了，现在钱拿不回来”。[1]

“亲戚骗亲戚”“朋友骗朋友”，这些通过网络传播的形式，破坏了熟人之间的信任，扰乱了市场秩序。有的对整个家庭造成毁灭性打击，有的家里人借钱、卖房去搞传销，甚至会搭上性命。可见传销的危害有多大。因此，在创业中，辛辛苦苦用自己的劳动双手在创造幸福的时候，千万不要上了传销的当，如何辨别传销呢？

他们可能打出的旗号是：“慈善互助”“爱心慈善事业”“消费养老”等慈善爱心类；“电商”“微商”“消费投资”“多层分销”等新式经营类；“招商加盟”“投资理财”“网络营销”等鱼龙混杂类，而这些新花样多出现在创业中。对交纳或变相交纳入门费、直接或间接发展下线，只要具备“交入门费”“拉人头”“组成层级团队计酬”就可认定为涉嫌传销。

创业有风险，法律常相伴，不是我不小心，而是现实无法抗拒。因此，提高警惕，凡事多商量，兼听则明，不要轻易做决定。特别是那些诱惑特别大，被说成是“一本万利”的事情，基本上都不靠谱。凡事多问几个为什么：“自己何德何能，能遇到这样的好事？”“这

---

[1] 传销盯上农民：中国乡村之声（微信公众号），2017-08-10。

样的好事为什么会落到我的头上？”“这样的好事为什么他会告诉别人呢？”……事情的真相也就离自己越来越近了。

三、纠纷处理：冤家宜解不宜结

创业法律纠纷主要指创业者在经营管理中因权利义务履行而产生的难以协调处理，需要经过诉讼、仲裁、调解、诉外和解等方式解决的分歧和争执，包括诉讼和非诉讼案件。纠纷的范围涉及经济纠纷、民事纠纷、刑事附带民事纠纷、行政纠纷等。主要的创业法律纠纷有：创业主体与创业行政管理主体——创业行政纠纷；创业主体与其他平等的市场主体——创业商事纠纷；创业主体与雇员——劳动纠纷。

劳动关系的处理——法律之内需要人文关怀。有温度的管理，有人文关怀，在法律框架内显得尤为重要，有句话说得好：“法不外乎情”。在中国这样一个注重人情关系的社会里，能做到情、理、法的统一，是处理纠纷的最高境界。调整雇主与雇员劳动关系的法律可以搭建起企业与员工之间的条条框框，虽然能够约束彼此的权利义务，但是基于这些“条条框框”是“有棱有角”的，难免有时会出现摩擦。在此时，人文关怀、人情味正是磨平这些棱角的利器，有情有义会让大家和睦相处，也能发挥员工的主人翁精神，关键时候还会同雇主一起共渡难关。

纠纷处理的方法有协商、谈判、调解，切记打官司是最后一步。以农村承包地发生纠纷怎么解决为例，微信公众号“农民之家”梳理了2018年中央一号文件所给出的具体措施。

农村承包地发生纠纷怎么解决？2018年中央一号文件给你解答！

在农村，土地是农民生存的根本，所以会涉及流转、互换等方面的问题，但由于农民对土地知识不是很了解，导致在分家、转让或继承等问题上出现了各种纠纷，那农村承包地发生纠纷怎么解决？2018年中央一号文件给你解答！

1. 乡村调解

乡镇和村这一级，对农户承包土地的情况最为了解，也对土地承包经营权矛盾纠纷最为清楚。乡村干部一般在群众中有着一定的威望，处理土地纠纷也有着很多的经验和方法，在调解和处理土地纠纷问题中发挥着重要作用。

如果你遇到土地方面的矛盾纠纷，第一想到的便是依靠乡村调解解决，你可以向他们提出书面或口头申请，乡镇和村都有义务帮助你们调解处理。调解达成协议后，一定要签订调解协议书，和解双方和调解人签字盖章，这可是具有法律效力的。

2. 县市仲裁

关于仲裁问题，我国有一部专门的《农村土地承包经营纠纷调解仲裁法》，以法的形式规定了承包地纠纷仲裁的内容、机构、形式等具体方面。可以申请依法仲裁的农村土地承包经营纠纷包括：

（1）因订立、履行、变更、解除和终止农村土地承包合同发生的纠纷；

（2）因农村土地承包经营权转包、出租、互换、转让、入股等流转发生的纠纷；

（3）因收回、调整承包地发生的纠纷；

（4）因确认农村土地承包经营权发生的纠纷；

（5）因侵害农村土地承包经营权发生的纠纷；

（6）法律、法规规定的其他农村土地承包经营纠纷。

负责仲裁的机构是农村土地承包仲裁委员会，这个委员会在县级一般都有设立，办公室设在农业部门，并承担其日常工作。

如果你有承包地方面的纠纷需要仲裁，要向当地农村土地承包仲裁委员会递交仲裁申请书，说明基本情况、仲裁请求和所根据的事实、理由，并提供相应的证据和证据来源。

仲裁委员会是否受理，会在收到仲裁申请之日起5个工作日内，将受理通知书、仲裁规则和仲裁员名册送达给你；如果不受理，也会书面告知。

受理后，仲裁委员会应在适当时机像法庭一样开庭审理，你可以申诉你的理由，提交相关证据，仲裁委员会结合实际情况依法裁决。裁决一般会在受理仲裁申请之日起60日内结束。

3. 司法保障

这是处理土地纠纷、维护农民土地权益的最后也是最有力保障。一方面，如果你对仲裁委员会的裁决不服，可以自收到裁决书之日起30日内向人民法院起诉；另一方面，针对农民法律知识少、司法意识弱的特点，建立相应司法援助，帮助其在法律框架内解决问题。

通过以上方法可以帮大家解决纠纷，但农民朋友在涉及承包地时也可以避免一些纠纷的发生。

如何减少土地承包经营纠纷的发生？一是要遵循土地流转相关法定程序，签订规范流转合同。二是要了解土地相关政策法律知识，严格执行国家政策法律。[1]

---

[1] 关注：农村承包地发生纠纷怎么解决？2018年一号文件给你解答！农民之家（微信公众号），2018-02-09。

小结

农民创业掌握相关的法律知识是非常有必要的。法律可以保障自己防范创业风险，可以化大风险为小风险，化小风险为零。在创业中签订合同要知悉相关法律，创业产业选择上要遵守相关法律，经营生产中也要遵守相关法律，处理纠纷也要“以事实为依据，以法律为准绳”。

PERORATION

结　语

李克强总理在2018年《政府工作报告》中指出，“促进大众创业、万众创新上水平。我国拥有世界上规模最大的人力人才资源，这是创新发展的最大‘富矿’。要提供全方位创新创业服务，推进‘双创’示范基地建设，鼓励大企业、高校和科研院所开放创新资源，发展平台经济、共享经济，形成线上线下结合、产学研用协同、大中小企业融合的创新创业格局，打造‘双创’升级版。设立国家融资担保基金，支持优质创新型企业上市融资，将创业投资、天使投资税收优惠政策试点范围扩大到全国。深化人才发展体制改革，推动人力资源自由流动，支持企业提高技术工人待遇，加大高技能人才激励，鼓励海外留学人员回国创新创业，拓宽外国人才来华绿色通道。集众智汇众力，一定能跑出中国创新‘加速度’”。新的政策为创业进一步优化了环境。

积极融入国家创业大环境，减少创业风险对创业农民来说是其创业之路的不二选择。诚然，在创业的不同阶段，农民承受着不同的风险，如融资风险、人事风险和管理风险。对于他们来说，规避这些风险的主要方法包括获得尽可能多的信息以提高自身的判断力、提升经营的灵活性。农民工在选择创业项目时，要选择适合自己且有优势的创业项目，而不是盲目跟风选择一些似乎大众的但不恰当的创业项目，降低创业失败的可能性。

总之，正如习近平主席所言："幸福都是奋斗出来的。"希望农民在创业中防范风险，在出现风险时用最小的成本化解风险。希望农民在奋斗幸福的道路上少走弯路。把创业蓝图变为现实，无不呼唤不驰于空想、不骛于虚声的奋斗精神，无不需要一步一个脚印踏踏实实干好工作。天道酬勤，日新月异，创业的梦想不是一蹴而就的，每个人的幸福都需要脚踏实地去奋斗和拼搏才能获得。